모두
다
문화야

다르기에 아름다운
공존의 첫걸음,
다문화

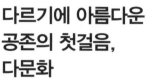

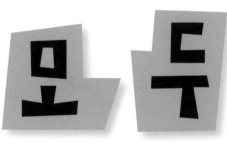

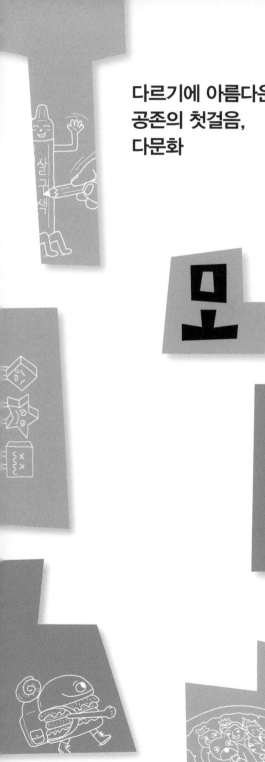

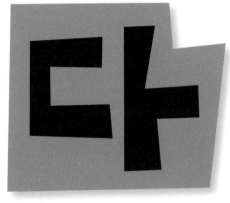

비행청소년
16

문화야

최영민 글 | 신병근 그림

 풀빛

프롤로그

같은 모습,
다른 생각

"한국인 꺼져라!" "조선인은 기생충!"

일본의 혐한(嫌韓) 시위에서 시위대가 목청을 돋우어 외치는 구호입니다. 혐한 시위에 항의하는 시민을 시위대가 폭행하기도 하는 등 시위는 자못 위협적입니다. 일본의 조선학교 학생 절반 정도가 공포를 호소할 정도라네요. 혐한 시위를 지켜보는 우리의 마음은 매우 불편합니다. 화가 납니다. 인간을 기생충에 빗대어 혐오하는 그들의 행동이 나름의 애국심 때문이라고 해도 쉽게 이해할 수 있는 일이 아니니까요. 만약에 이런 문제가 한국에서 일어난다면 어떨까요? 일본의 혐한 시위대가 한국에 오는 것이 아니라 한국에서 다른 나라 사람들을 저렇게 대한다면 말이지요. 그때에도 우리에게 분노의 마음이 들까요?

혐한 시위에 대해 유엔 인종차별철폐위원회는 일본에 대책을 요구했습니다. 단지 한국인을 혐오해서가 아닙니다. 그것은 엄연히 인간에 대한 잘못된 태도이고 용납할 수 없는 차별이기 때문입니다. 혐한 시위는 '혐오 발언' 또는 '증오 언설'이라고 불리는 '헤이트 스피치(hate speech)', 즉 특정 민족이나 인종, 집단을 향한 공개적인 증오와 혐오의 표현입니다. 누군가가 싫다는 개인적인 의사 표현이 아니라 특정 집단에 대한 편견과 차별을 부추기고, 그들을 향한 폭력을 충동질하는 사회적 행위입니다. 그런데 일본의 혐한 시위는 민족(인종) 차별의 문제이자, 이 책에서 다루려는 다문화 문제이기도 합니다. 다문화에 대해서는 차차 자세히 다루겠지만, 여기서는 간단히 '인종, 언어, 문화적 배경이 다른 사람들이 함께 살아가는 사회'라고만 설명하지요. 이런 차원에서 일본의 혐한 시위는 일본에 살고 있는, 수십만에 이르는 재일 한국인을 향한 차별과 배척입니다.

세계의 많은 국가들이 다문화로 인한 사회 갈등을 어떻게 풀어야 할지 고심하고 있습니다. 일본이 그렇고, 대한민국도 마찬가지입니다. 일제가 패망한 1945년 이후부터만 보더라도 한국인이 일본에서 산 지 70여 년이 되고 있지만, 아직 일본은 한국인과의 '다문화'를 받아들이고 있지 못한 모양입니다. 물론 혐한 시위대가 일본인 다수를 대표한다고 볼 수는 없습니다. 혐한 시위를 막고 나서는 일본인들도 있으니까요. 혐한 시위는 한일 관계가 복잡해지고 협력보다 대결하는 경향이 강할 때 높아지는 편입니다. 하지만 한일 간 국가 관계에 따른 불만을 국가 정책이 아닌 한국인에게 겨냥하는 것은 이해해 주기 어렵습니다. 이는 다문화 사회 구성원으로서 시위대 일본인들의 인식과 태도에 문제가 있음을 보여 줍니다.

한국에도 170만 명이 넘는 이주민이 살고 있습니다. 그 수는 앞으로 더 늘어날 것입니다. 그들은 잠시 들렀다 돌아가는 관광객이 아니에요. 대다수는 각기 다른 조건과 사정 속에서, 적지 않은 비용을 들여 한국에서 생활하려고 오는 사람들입니다. 한국 경제와 사회의 일부가 되어 있는 사람들인 것이지요.

한국 사회에도 다문화에 대한 논란이 있습니다. 어떤 이들은 외국인 노동자와 다문화가족을 편견과 차별의 시선으로 대해서는 안 되며, 국가 발전을 위해 적극적으로 활용해야 한다고 주장합니다. 또 어떤 이들은 이주민이 많아지면서 내국인이 피해를 보고 있고, 민족의 순수성을 해치기 때문에 이들이 한국에 들어오는 것을 막아야 한다고 주장하기도 하지요. 이런 논란과 상관없이 무관심 혹은 방관자의 시선으로 다문화를 대하는 태도도 있습니다. 한국 사회 대다수가 이런 태도를 보이고 있고, 그런 점에서 한국 사회의 다문화는 비교적 평화로워 보이기까지 합니다. 그러나 이는 살얼음 같은 것이에요. 작은 돌팔매에도 산산이 부서져 버리는 살얼음 말입니다.

비록 위협적인 시위로까지 나타나지는 않지만, 한국에도 특정 국가 출신의 이주민들을 향해 '바퀴벌레'라 욕하며 "꺼져라"라고 외치는 사람들이 있습니다. 냄새난다며 대놓고 면박을 주는 사람도 있지요. 이런 행동이 일본의 혐한 시위와 얼마나 다를까요? 그 대상만 다를 뿐 차이는 없지 않나요? 이 역시 혐오 발언일 뿐입니다. 외국인을 혐오하고 다문화를 반대하는 목소리는 아직 미미하지만, 사회에 널리 퍼져 갈 가능성이 없지 않습니다. 일본의 혐한 시위가 오랜 경기 침체 속에서 누적된 사회적 불만이 기형적으로 표출되는 모습을 띠는 것처럼, 한국에서도 일정한 조건이 갖춰지면 외국인 혐오가 증가할 수 있습니다.

혐한 시위가 그렇듯 사회적 혐오는 그 사회의 약자를 향합니다. 일본의 혐한 시위만이 아니라 유럽에서 외국인을 향한 증오 범죄들은 그 사회에 오랜 기간 누적된 실업과 빈부 격차 등 불안정한 삶을 배경으로 합니다. 자본주의 경제구조, 승자 독식의 경쟁 체제, 사회를 주무르는 거대 자본과 권력 등이 문제의 근원이지만, 이는 눈에 잘 보이지 않아요. 보이지 않을 뿐만 아니라 보인다 해도 너무 막강하기 때문에 어떻게 해 볼 엄두가 나지 않지요. 그러나 주변에는 나의 일자리와 사회적 지위 상승의 기회를 놓고 경쟁하는, 나와 비슷한 처지의 혹은 나보다 못한 사람들이 많이 있습니다. 그들이 없다면, 사라져 준다면 나에게 더 많은 기회가 생길 것 같은 사람들이지요. 동성애자, 여성 등을 대상으로 한 혐오 범죄도 그렇지만 이주민을 향한 범죄 역시 이들을 희생양으로 삼아 억눌린 불만과 좌절을 터트리는 것이라 할 수 있습니다.

한국 역시 경기 침체가 계속되고 있고, 빈부 격차는 점점 커지고 있습니다. 안정된 일자리는 줄어들고 사회는 더 많은 경쟁을 요구하지요. '헬조선', '탈조선'이란 말이 쉽게 공감을 얻고 있으니까요. 오죽하면 지옥 같은 한국, 탈출하고 싶은 나라라는 생각이 퍼지고 있을까요? 이런 조건에서는 혐오 범죄가 증가할 가능성이 높습니다. 이주민을 대하는 태도 역시 냉담함을 넘어 증오로 나타날 수 있어요. 이렇게 우려하는 이유는 단지 한국이 살기 힘든 사회가 되고 있다는 조건 때문만은 아닙니다. 그런 조건에서 증오와 혐오가 폭력적으로 분출될 수 있는, 한국 사회 내부에 이주민을 향한 편견과 차별의 요소가 쌓여 있기 때문이지요.

미국인 하인스 워드, 그는 성공한 미식축구 선수였습니다. 2006년 미국의 4대 스포츠 리그 가운데 하나인 NFL 슈퍼볼에서 MVP로 뽑힐 만큼 '슈퍼스타'였지요. 같은 해에 그가 한국에 왔을 때 우리 사회는 그를 열렬히 환영했습니다. 월드컵 4강까지 진출했던 국가대표 축구선수나 정상급 연예인만큼 대중의 시선과 언론의 관심을 받았습니다. 그와 함께 사진을 찍으려는 정치인들의 청탁이 쇄도할 정도였다고 합니다. 그가 한국 사회에서 그런 환대를 받은

것은 한국인들이 미식축구를 좋아하기 때문이었을까요? 아닙니다. 한국인 대부분은 미식축구와 럭비도 구분할 줄 모릅니다. 그럼에도 한국 사회가 하인스 워드를 뜨겁게 환영한 것은 그가 '한국인의 피'를 가졌기 때문이었지요.

그는 비록 미국 시민이지만, 서울에서 태어나 미국에서 자란 혼혈 흑인입니다. 어머니가 한국계이지요. 한민족의 피가 흐르는 인물이기에, 그를 '검은 한국인'이라며 언론들이 치켜세우고 환대한 것입니다. 한국에서 대한민국 국적을 갖고 살고 있는 다른 '검은 한국인'들과는 전혀 다른 대우였어요. 그가 미국에서 성공한 스포츠 스타라는 점이 어떻게든 한국인의 저력을 확인하려는 언론과 한국인의 인정 욕구와 맞물려 일어난 일이었지요. 그럼에도 그의 한국 방문을 계기로 한국 사회에서 한국의 혼혈인과 다문화에 관심이 높아진 것은 좋은 일이었습니다. 잠시이기는 했지만요.

그 이후로 피부색이 전통적인 한국인과 다른 사람들의 처지는 크게 바뀌지 않았습니다. 그들을 보는 눈은 동성애자에게 보내는 시선만큼이나 여전히 차갑습니다. 이웃으로 두고 싶어 하지 않습니다. 미국에서 온 '검은 한국인'에게 보인 열광이 왜 한국에 살고 있는 그들에게는 나타나지 않을까요? 열광까지는 아니어도 차가운 시선은 왜 사라지지 않는 걸까요?

하인스 워드에 대한 환대는 단지 그가 '한국인의 피'를 지녔기 때문만은 아니었습니다. 선진국이라 여기는

미국에서 성공한 인물이기 때문이었지요. 미국의 평범한 흑인 시민이었다면 그가 어머니의 나라에 다니러 온 것에 아무도 관심을 두지 않았을 것입니다. 힐끗거리는 시선만이 따라왔겠지요. 하인스 워드의 방문이 한국 사회의 다문화에 대한 관심과 인식의 진전으로 나아가지 못하고 일시적 사건에 그친 이유가 여기에 있습니다. 경제적 혹은 사회적 성공을 과도하게 중시하고, 이를 기준으로 사람의 가치를 평가하는 우리의 태도 말입니다. 개인만이 아니라 집단이나 국가 역시 이런 관점에서 평가하는 것이지요. 겉으로는 평화로워 보이는 한국 사회의 다문화는 경제 선진국의 백인계에게는 우호적으로, 그렇지 않은 나라의 이주민에게는 피부색과 상관없이 차갑게 대하는 이중성을 띠고 있습니다.

하인스 워드는 "나는 미국인이며 동시에 한국인이다"라고 당당하게 밝힌다고 합니다. 오른 팔뚝에 한국어로 이름을 새겨 넣기도 했고요. 그런 그를 한국 언론은 '한국인 정신을 가진 미국인'이라고 칭찬을 아끼지 않습니다. 미국의 한국계 다문화인, 하인스 워드를 칭찬한다면 한국의 다문화인에게도 같은 태도를 보여야 하지 않을까요? 한국 사회의 다문화가정에서 자란 아이들이 "나는 한국인이며 동시에 중국인이다"라고 부끄럽지 않게 말할 수 있을까요? 베트남어로 자신의 이름을 당당하게 써 보일 수 있을까요? 우리는 그런 그들을 향해 비난과 조롱이 아니라 박수를 보낼 수 있을까요?

이 책은 이런 질문들에서 시작합니다. 아무래도 이런 질문에 대한 대답이 회의적이기 때문이지요. 물론 비관과 자조를 위한 책은 아닙니다. 눈앞에 피할 수 없는 현실이 되고 있는 다문화를 어떻게 대하는 것이 올바른지를 함께 고민하고 토론하기 위한 책입니다. 그래서 지금의 다문화가 대한민국의 현재는 물론, 보다 나은 미래를 위해 어떤 의미가 있는지 찾아보자는 것이지요. 나아가 한국에서의 다문화와 이에 대한 대처 경험이, 다문화가 더욱 확대되어 나타나는 세계에서 다른 나라들이 유의미하게 참조할 수 있도록 하자는 것입니다. 서로 다른 사람들 사이의 차이를 다양성으로 존중하는 다문화 대한민국으로서의 발전은 항상 선주민과 이주민이 섞여 살아왔던 인류사의 발전에 기여하는 것일 테니까요.

차례

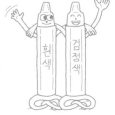

3장 다문화 발자국

4장 다문화를 바라보는 시선들

5장 다문화, 우리의 내일

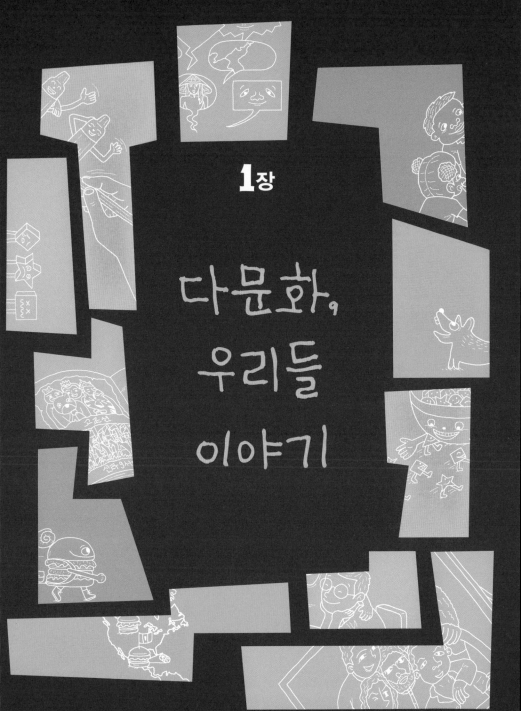

1장

다문화,
우리들
이야기

1

이곳은
다문화 대한민국

낯선 듯
익숙한 풍경

　　검은 아스팔트 위를 울긋불긋, 각양각색의 각국 전통 의상으로 단장한 사람들이 거리를 행진합니다. 중국의 치파오도 있고, 아오자이를 곱게 차려 입은 베트남 여성도 보입니다. 손에 든 건 베트남의 전통 모자인 농라입니다. 우리나라 삿갓처럼 생겼네요. 이들이 지나는 길에는 필리핀 국기와 태국 국기가 휘날리고, 앙코르와트가 새겨진 캄보디아 국기도 펄럭입니다.

　　이곳은 외국이 아니라 한국입니다. 우리에게는 낯선 옷을 입고 있는 사람들도 한국인입니다. 한국인이 외국인 '코스프레'를 하는 것이 아니라 이주민들이 모국의 전통 의상을 입었을 뿐이지요. 이들은 광주에서 열린 '2014년 충장축제 거리 퍼레이드'에 참가한 다문화가족들입니다. 그들은 모국의 전통 의상을 입고 '새로운 한국인'으로서 자신의 모습을 시민들에게 알리는 중입니다. 한복을 입지 않은 한국인, 아니 정확히 말하면 다른 나라의 전통 옷을 입은 한국인, 이상한가요? 그렇다면 이상한 일은 이뿐만이 아닙니다.

대한민국의 수도, 서울의 도심 거리인데 상점 간판의 글씨들이 낯섭니다. 거리를 지나다니는 사람들 모습도 다릅니다. 텔레비전에서나 보던 '이슬람 스카프'라는 히잡을 착용한 여성들이 보이네요. 눈에 보이는 거리의 풍경은 물론 냄새도 특이합니다. 강하면서도 구미를 당기는 묘한 음식 냄새가 후각을 자극하는데, 마치 어느 아랍 마을에 온 듯합니다. 하지만 여기는 분명 서울입니다. 사람들은 이곳을 이태원의 '이슬람 거리(서울시 용산구 우사단로 일대에 방글라데시, 터키, 인도 등 다양한 국적의 무슬림 상가가 밀집한 이슬람타운)'라고 부릅니다. 이곳에는 이슬람 사원도 있습니다. 한국에 있는 이슬람 사원 중 가장 오래된 곳이라고 하네요.

이곳 말고도 우리에게 익숙하지 않은 문화를 접할 수 있는 곳은 많습니다. 서울 동대문에는 '몽골타워', 구로공단이 있던 가리봉에는 '옌볜거리'가 있습니다. 혜화동에는 '리틀 마닐라'로도 불리는 '필리핀거리'가 일요일마다 열립니다. 서울에만 있는 것은 아닙니다. 서울에서 가까운 안산에서도 다양한 피부색과 이국적인 상품이 넘쳐 나는 외국인거리를 만날 수 있습니다. 또 울산에도 차이나타운이 있고, 대구에는 '대구의 이태원'이라 불리는 다문화거리가 있습니다. 모두 대한

■ 2014년 광주에서 열린 충장축제에 참가한 결혼 이주 여성들이 모국의 전통 의상을 입고 거리 퍼레이드를 하고 있다.

■ 이태원 이슬람거리. 이슬람 서적을 구입할 수 있는 서점과 무슬림을 위한 여행사 간판이 눈에 띈다. 이 외에도 이슬람 음식과 문화를 접할 수 있는 다양한 상점에서 이국적인 풍경을 만날 수 있다.

민국 안의 타국, 우리 안의 낯선 공간들입니다.

이곳에서는 거리를 지나는 사람들의 행색이나 말소리와 함께 이국적인 분위기를 느낄 수 있는 것이 많습니다. 피부색은 물론 우리에게 익숙하지 않은 신비한 눈빛들이 그런 느낌을 더 짙게 만듭니다. 그 나라에 가야 볼 수 있던 과일이나 음식, 물건을 만날 수도 있고요. 필리핀거리에서는 빨간빛의 롱가니사 소시지와 필리핀 '국민 빵'이라는 판데살을 맛볼 수 있습니다. 이슬람거리에서는 터키의 전통 요리인 케밥을 먹을 수 있지요. 신의 허락을 받아 도축했다는 할랄 고기로 만든 것입니다. 엄격한 조건을 갖춰야 하기 때문에 '할랄 푸드'는 웰빙 음식으로 여겨지고 있습니다. 그리고 옌볜거리를 가면 어른 팔뚝만 한 순대는 물론 독특한 향을 풍기는 '고수(샹차이)'가 듬뿍 들어간 음식들을 먹어 볼 수도 있습니다. 고수가 익숙하지 않은 사람은 고개를 젓지만 말입니다.

하지만 이러한 이국적인 모습이 우리에게 낯설기만 한 것은 아닙니다. 텔레비전에는 이미 외국인들이 다양한 모습으로 등장합니다. 한국인과 결혼한 외국인 여성들이 시집살이와 친정 이야기를 들려주기도 하고, 탈북 이주민들이 나와 남한과 북한에서 경험한 삶의 차이를 이야기하기도 합니다. '용병'이라 불리는 외국인 운동선수가 뛰는 모습은 이제 전혀 낯설지 않지요. 그러다 보니 한국 군대에 간 외국인 모습도 볼 수 있습니다. 예능 프로그램에서의 일이기는 하지만요.

대학에도 외국인 유학생들이 눈에 띕니다. 2013년에 잠시 줄었던 외국인 유학생 수는 다시 증가해 2016년에 10만 명을 넘어섰습니다. 외국인 유학생이 많아지다 보니 그들을 대상으로 하는 문화축제가 열리기도 합니다. 수원에서 열린 '2016 대한민국 외국인 유학생 문화대축전'에서는 목욕탕만 한 커다란 나무통에 색색의 야채들을 얹은 비빔밥을 삽처럼 큰 주걱으로 함께 비벼서 나눠 먹는 행사를 하더군요. 여러 종류의 나물들이 섞여 비빔밥 특유의 맛을 내는 것처럼, 여러 나라에서 온 유학생들이 함께 어울리자는 의미였겠지요.

우리와 다른 모습에, 다른 말을 쓰고, 다른 문화를 가진 외국인이라는 낯선 존재는 언젠가부터 우리 일상 속에 깊게 자리하고 있습니다. 텔레비전의 명절 특집방송에 어쩌다 신기한 모습으로 등장하는 것이 아니라 우리의 바로 옆에, 항상 함께하고 있습니다. 우리는 '다문화 시대'에 살고 있습니다.

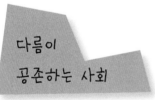

다름이
공존하는 사회

　　　　　　　　　　　　　　　　네, 이러한 현상을 '다문화'라고 합니다. 다문화(多文化)란 말 그대로 다양한 문화를 말합니다. 성격이 서로 다른 여러 문화가 한곳에 모여 있다는 의미입니다. 문화가 모여 있다는 말이 이상하게 들릴 수도 있겠네요. 문화라는 것이 정해진 모양이 있는 게 아니니까요. 여기서 서로 다른 문화가 모여 있다는 것은 서로 다른 문화를 가진 다양한 사람들이 한 사회에 모여 함께 살고 있음을 의미합니다. 서로 다른 문화를 가진 수많은 인종과 민족이 어울려 사는 미국이나 중국 등을 떠올리면 쉽게 이해되겠지요? 이런 나라를 다문화 국가라 부르니까요.

한국으로 좁혀서 생각해 봅시다. 위에서 본 사회 현상처럼 한국에서의 다문화는 한국인과 다른 문화를 가진 여러 나라의 사람들이 한국에 많이 와 있다는 뜻입니다. 한국인과 다른 문화를 가졌다는 것은 언어와 풍속, 생활양식이 다르다는 의미이지요. 사는 지역마다 차이는 있겠지만, 종종 외국인들을 보게 되는 기회가 있을 거예요. 말과 음식은 물론 옷차림과 인사법 등이 다른 사람들을 보면 어떤 느낌이 드나요? 아마 신기하기도 하고 낯설기도 할 것입니다. 그래서 이질감을 느낄 수도 있고요. 다문화는 이렇듯 생소하고 이질감을 주는 사람들이 우리 곁에 많이 와 있다는 것을 말합니다. 그런 사람들이 많아져 우리 사회에 주목할 만한 사회 현상이 되고 있음을 의미합니다.

우리와 외모가 다른 사람들을 마주할 때 우리는 우리 사회의 다문화를 피부로 느끼게 됩니다. 이목구비나 피부색 등의 외모에서 우리가 익숙하게 알고 있는 한국인의 그것과 다른 사람들을 많이 볼 수 있는 것이지요. 하지만 이목구비와 피부색의 차이만으로 우리 사회의 다문화를 온전히 설명할 수는 없어요. 인종 특성상 겉으로 드러나는 차이가 한국인과 크게 다른 경우도 있고 그렇지 않은 경우도 있기 때문입니다. 백인이나 흑인은 그 차이가 크지만 한국인이 속해 있는 몽골리

안 계통의 황인종은 우리와 외모가 그다지 다르지 않거든요. 중국, 일본 등지에서 온 사람들이 그렇습니다. 물론 같은 황인종이라 해도 우리와 같은 북방계와 달리 베트남, 인도네시아 등의 동남아시아 사람들은 얼굴 형태가 우리와 다르게 느껴지기도 합니다.

흔히 다문화를 외국인이 많이 들어온 것으로 이해하기도 합니다. 겉으로 보면 그렇습니다. 대체로 외국 국적을 가진 사람이 많이 들어와서 생긴 현상이지만, 다문화가 꼭 국적의 차이로 나타나는 것만은 아닙니다. 한국에 들어온 외국인 중에는 모국의 국적을 유지하는 사람도 있지만, 한국 국적을 얻은 사람도 있거든요. 다문화를 단순히 '외국인 증가' 현상으로만 말할 수 없는 것이지요. 베트남계 한국인, 필리핀계 한국인 등 출신 배경이 다양한 한국인이 증가하는 현상으로 나타나기도 하거든요. 이 외에도 외국인으로서 외국 국적을 갖고 있으나 한국에서 태어난 사람도 있고, 외국인과 결혼한 한국인 사이에서 태어난 사람도 있지요.

이렇게 다문화는 외국인 노동자, 결혼이민자와 그들의 자녀, 외국인 유학생 등 다양한 이주 배경을 지닌 사람들로 구성되어 있습니다. 이 책에서는 외국인 노동자나 결혼이민자처럼 개별적 특성을 가리키지 않고 이들을 모두 아울러 부를 때는 이주민(移住民)이라고 할게요. 한국 사회에 선주민(先住民)으로 살고 있는 한국인과 대비해서 부르는 것이지요. 외국인이라고 부를 때도 있는데, 이는 다른 나라에서 온 사람이라는 것을 강조한 표현일 뿐 의미 차이는 없어요.

아, '새터민'이라 불리는 북한계 주민도 한국 사회 다문화의 일부를 이루는 사람들입니다. '새로운 터전에서 삶을 시작하는 사람'이란 순우리말인 새터민은 말 그대로 새롭게 한국인이 된 사람들이지요. 이들과 기존의 한국인 사이에 언어와 피부색 차이는 없습니다. 같은 민족으로서 공유하는 전통과 역사의식도 있습니다. 그럼에도 새터민과 종래의 한국인 사이에는 차이가 있습니다. 서로가 그 차이를 많이 느끼고 있고요. 오랫동안 대립해 온 남북 관계와 서로 다른 체제에서 살아온 생활방식과 사고방식 때문에 그 차이가 더 크게 느껴지는 것이겠지요. 그래서 한국 사회에서 새터민은 외국인처럼 낯선 이방인으로 여

겨지고 있습니다. 물론 이들 역시 이주민입니다.

이렇게 다문화란 한 나라의 국민들이 갖고 있는 언어, 풍속, 인종 등 공통된 문화 특성과는 다른 이질적인 사람들이 그 나라 국민들과 함께 살게 되는 현상을 말합니다. 한국인과 인종이 다르고, 언어가 다르고 혹은 생활방식이나 풍속이 다른 사람들이 한국 땅에서 함께 살아가는 것이지요. 위에서 본 것처럼 다문화는 반드시 국적과 연관되는 것은 아니지만, 대개 이주민들이 늘어나면서 나타납니다.

그런데 얼굴 모습과 문화가 다르고, 국적이 다른 사람들이 한국에 있는 것만으로 한국의 다문화를 정의하거나 문제 삼을 수 있을까요? 우리나라에 그런 외국인이 상주하는 건 어제오늘의 일이 아닌데요. 한국인이 외국인과 맺는 국제결혼도, 한국을 삶의 터전으로 삼아 살아가는 외국 출신의 사람도 늘 있던 일입니다. 그럼에도 근래에 들어 다문화가 한국 사회에서 논란이 되고 있습니다. 1990년대 이후의 일입니다. 왜 수십여 년 전부터 있던 일이 이때부터 비로소 문제가 되었을까요?

2

다문화가 궁금해

외국인은 왜 많아졌을까?

다문화가 한국 사회에서 관심을 받게 된 것은 이주민들이 '크게' 늘었기 때문입니다. 1980년대 4만여 명에 불과했던 외국인이 10년 뒤에는 두 배 이상 증가했지요. 1993년에 도입된 〈외국인 산업연수제〉가 직접적인 계기였습니다. 이 제도는 외국의 노동자들을 데려와 한국 공장에서 일을 배우게 하는 것이었지요. 기술 연수 등 일을 가르친다는 명목으로 주로 동남아시아의 젊은이들을 데려왔지만, 실상은 한국의 부족한 노동력을 해결하기 위한 것이었습니다.

한국은 1990년대에 들어서면서 심각한 노동력 부족 현상을 겪었습니다. 특히 건설업이나 중소 제조업 분야의 인력난이 심각했습니다.

위험하고(danger), 힘들고(difficult), 더러운(dirty) 일로 여겨져 기피하는, 이른바 '3D' 업종이었지요. 높은 수준의 기술을 필요로 하지 않는 단순 기능의 일이면서 임금은 낮았기 때문에 기업에서 한국인 노동자를 구하기 어려웠습니다. 그래서 외국에서 노동자들을 데려오기로 한 것인데요. 좀 더 정확히 말하면, 한국의 노동자들이 기대하는 임금보다 훨씬 낮은 임금으로 고용할 수 있는 외국인 노동자들을 데려오는 것이 기업 운영에 더 유리했기 때문이라 할 수 있지요.

외국인 노동자 입장에서도 한국에 오는 것은 새로운 경제적 기회였습니다. 자기 나라에서 일을 하는 것보다 훨씬 많은 돈을 모을 수 있었으니까요. 경제적으로 보다 풍요로운 삶을 꿈꾸는 많은 젊은이들이 한국에 보내 주는 송출업체를 찾아갔고, 그 때문에 감당하기 힘든 빚을 지는 경우도 많았습니다. 정신 훈련을 시키는 '해병대 캠프'에 참여해서 봉체조를 하고 갯벌을 뒹굴기도 했지요. 그러한 고통을 감내할 만큼 이들에게 한국은 희망의 땅이었습니다.

외국의 경우도 그렇지만 대체로 한 나라에서 다문화가 나타나는 주된 요인은 외국인 노동자가 급격히 증가하는 데에 있습니다. 1990년 대의 한국에서도 그런 일이 일어난 것인데요. 외국인 노동자들이 한국을 찾은 이유는 한국의 빠른 경제성장에 있습니다. 아시아의 노동자들에게 일하고 싶은 나라, 돈을 많이 벌 수 있는 나라로 한국이 떠오른 것입니다. 기업이 더 많은 이윤을 남기려고 임금이 낮은 나라로 공장을 옮기는 것처럼, 노동자들도 더 많은 임금을 받기 위해 한국으로 이동했던 것이지요.

　그렇지만 한국에서 일하거나 생활하고 싶다고 해서 외국인들이 마음대로 들어올 수는 없습니다. 어느 나라든 외국인 주민이 늘거나 주는 것은 그 나라가 어떤 정책을 펴느냐에 따라 달라집니다. 한국은 2008년과 2009년 사이에 외국인 노동자가 전보다 두 배 이상 급증했습니다. 이미 겪고 있는 노동력 부족 문제가 저출산과 고령화 현상 때문에 앞으로 더 심각해질 것이라는 우려가 있었고, 이를 해결하기 위해 당시의 정부가 적극적으로 이민을 허용해 외국 인적 자원을 활용한다는 계획을 세웠기 때문입니다. 그래서 외국인에게 나라의 문을 활짝 연 것이지요. 이렇게 해서 한국에 오게 된 외국인 노동자 수는 꾸준히 늘어 2015년에는 60만 명을 넘는 규모가 되었습니다.[1]

　한국에서 외국인이 늘어나게 된 또 다른 이유는 결혼이민자가 증가했기 때문입니다. 지금은 시들해졌지만 '농촌 총각 장가보내기 운동'이 그 출발점이었습니다. 도시에 비해 배우자가 될 상대 여성을 만나기가 쉽지 않은 농촌 남성들이 결혼할 수 있도록 사회가 나선 것인데요. 이는 농촌이라는 지역 사회와 농업 산업을 유지하기 위한 방안이었습니다.

　1980년대부터 시작된 이 운동은 사회적으로 관심을 끈 만큼의 성과를 얻지는 못했어요. 일이 고된 데 비해 경제적 성과나 사회적 대우가 낮은 농촌으로 '시집'가려는 여성들이 많지 않았기 때문이지요. 농촌 남성들에게 도시 여성은 재산이나 시부모 부양 등 이런저런 조건을 따지는 까다로운 사람들이었습니다. 그러니 만남 자체가 쉽지 않았고, 만남이 이뤄져도 결혼에 이르기는 더 어려웠습니다. 한국 여성과의 결혼이 '하늘의 별 따기'처럼 여겨지면서 관심을 받게 된 것이 외국인 여성과의 국제결혼이었습니다. 국가와 지방자치단체, 종교단체에서도 발 벗고 나섰지요. 국제결혼을 돕는 기업까지 생겼을 정도니까요.

외국인 여성과의 국제결혼은 이른바 혼기를 놓친 농촌 남성들에게 가정을 꾸릴 기회를 주었습니다. 농촌에 남아 농업을 이어 갈 수 있는 인적 기반인 가족이 생긴 것이지요. 그렇다고 외국인 여성들이 오로지 한국 남성만을 보고 결혼하려 했던 것은 아니었습니다. 남을 위해 자신을 희생하는 결혼은 아니었던 것이지요. 그들 역시 새로운 기회를 찾아 한국으로 온 사람들입니다. 한국 남성과의 결혼을 통해 새로운 삶이나 경제적 문제를 해결하려는 나름의 목표와 기대가 있었습니다.

1990년대 이전에는 1퍼센트 선에 불과했던 국제결혼이 이후에는 급격히 늘어, 한때는 결혼하는 열 쌍 중 하나가 국제결혼이기도 했습니다. 2016년에는 국제결혼이 전체 혼인의 약 7퍼센트 비중을 보이고 있습니다. 결혼을 하면 가족을 구성하는 것이지요? 아이들도 생기고요. 이렇게 형성된 가족을 다문화가족이라고 합니다. 다문화가족은 2015년에 이미 80만 명을 넘었는데, 5년 뒤에는 100만 명이 될 것이라는 예측도 있습니다.[2]

외국인 노동자와 결혼이민자, 여기에 유학생까지 한국 사회에 일시적 혹은 영구적으로 정착하는 외국인이 급격히 증가하면서 다문화는 오늘날 한국의 주요한 사회 현상이 되고 있습니다. 단일민족으로 인식되어 온 한국 사회의 인적 구성은 물론 문화적 특성에 변화가 일고 있는 것이지요. 이러한 현상을 외면하거나 경시하고서는 한국 사회의 현실과 미래를 위한 계획을 세우기 어렵게 된 것입니다.

정부 발표에 따르면, 2016년 외국인 주민 수는 176만 명을 넘어섰습니다. 우리나라 국민이 5천만 명이라 할 때, 3.4퍼센트에 해당합니다.[3] 이는 인구가 60만 명 정도인 제주도가 세 개 있는 셈인데요. 만약 한국에 있는 외국인들이 모두 한곳에 모여 산다면, 강원도나 충청북도보다 인구가 많은 지방자치단체를 구성할 수 있는 규모입니다. 물론 그렇게 될 가능성은 없습니다. 규모가 그렇다는 얘기일 뿐입니다.

정부는 외국인 주민이 꾸준히 늘어 2030년에는 인구의 6퍼센트

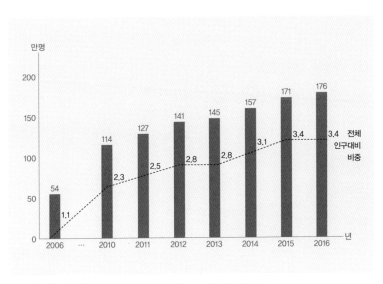

■ 국내 거주 외국인 주민 증가 추이(행정안전부, 2016년 11월 1일 기준)

를 넘을 것으로 예상하고 있습니다.[4] 현재 외국인 주민 수의 두 배인 300만 명이 우리와 함께 살게 된다는 것입니다. 부산만 한 대도시 인구와 비슷한 규모이지요. 이런 변화는 단순히 더 많은 외국인거리가 생기는 정도로 그치지 않습니다. 한국이 다문화 국가, 다민족 국가로 되어 가고 있다는 의미입니다. 다문화 국가, 다민족 국가, 이러니 좀 놀랄 수도 있겠네요. 미국이나 중국 같은 나라에서나 있는, 우리와는 거리가 먼 다른 나라의 일로만 생각했을 테니까요.

다문화 국가 대한민국, 말부터가 많이 낯설지요? 우리는 한민족이라는 단일민족의 역사와 문화를 자랑스럽게 여겨왔으니까요. 이를 지켜 나가는 것이 후손으로서 할 일이라고 배워 왔습니다. 그런데 여러 인종과 문화가 어울려 사는 다문화는 우리가 배워 왔던 역사와는 다른 현실이고 다른 미래에 대한 예고입니다. 이대로라면 우리는 조상들에게 부끄러운 후손이 되는 게 아닐까요? 하지만 국민을 대표하는 대한민국 정부는 다문화를 막기보다는 오히려 이를 앞장서서 이끌어 가고 있습니다. 어떻게 된 일일까요?

살색이 살구색이 된 사연

'살색'이란 말 기억하나요? 이제는 이미 10년이 넘은 일이 됐지만, 그전까지는 크레파스의 연주황색을 살색이라 써 왔습니다. 아주 오랫동안 그렇게 써 왔기에 어른들에게는 매우 익숙한 표현입니다. 그러나 이 표현은 사라졌습니다. 국가인권위원회가 출범하면서 이런 표현이 헌법에 규정된 평등권을 침해할 수 있다며 바꾸라고 했기 때문입니다.[5] 왜일까요?

살구색으로 표현되기도 하는 이 색이 우리에게는 피부색과 같은 의미로 쓰였지요. 하지만 백인이나 흑인에게는 살색이 될 수 없습니다. 그들에게는 검은색이나 흰색 또는 그에 가까운 색이 살색이 될 테니까요. 사람들마다 피부색이 다른데 특정한 색깔을 살색이라 부르면 그 색깔의 피부를 갖지 않은 사람들은 정상이 아닌, 비정상적인 피부를 가진 것으로 생각하게 할 수 있습니다. 특정 색을 두고 살색이라고 쓰는 표현이 인종차별 의식을 불러일으킬 수 있는 것이지요. 이런 이유로 국가기관에서 나서서 크레파스 색의 표기를 바꾸도록 한 것입니다.

이런 사례는 우리 사회의 다문화에 대한 정부의 노력이 어떤 성

개명한 것을 환영한다~

흰색
검정색
살구색

격을 띠고 있는지를 보여 줍니다. 정부는 한국 사회에 다문화를 수용하고 추진하는 정책을 펴고 있습니다. 다문화가족과 외국인을 우리의 이웃과 동료, 대한민국의 한 구성원으로 받아들여야 한다는 것이 정부의 의지이고 계획입니다. 이는 정부가 나서서 외국인들을 들어오게 했으니 어찌 보면 당연한 일이기도 합니다. 단지 정부가 나서서 다문화를 받아들이자는 정책을 펴는 것은 정부가 외국인 증가를 추진해 왔기 때문만은 아닙니다. 다문화가 우리 사회의 현실이며 미래라는 판단에서 이루어진 것입니다. 사회 일각의 주장처럼 이주민 증가를 막아야 할 일이 아니라 대한민국의 발전을 위해 적극적으로 활용해야 한다고 보는 것이지요.

대한민국 정부는 다문화 국가로 나아가기 위해 준비해 왔습니다. 다문화와 관련된 법과 제도를 만들어 운영하고 있지요. 〈재한외국인 처우 기본법〉(2007년)이나 〈다문화가족지원법〉(2008년)과 같은 법을 새로이 만들기도 하고, 〈외국인 고용허가제〉와 같은 제도를 운영하기도 합니다. 외국인 정책을 총괄하는 '외국인정책위원회'와 같은 기구를 만들기도 하고요. 당연히 새로이 행정기구를 운영하고, 법과 제도를 시행하려면 많은 비용이 듭니다. 국민의 세금으로 예산이 사용되어야 하지요. 정부 발표를 보면 '제1차 외국인정책 기본계획'에 따라 이미 2008년부터 2012년까지 1조 3천억 원을 썼고, '제2차 외국인정책 기본계획'에 따라 2013년부터 2017년까지 약 1조 5천억 원을 사용했다고 합니다. 정부는 적지 않은 비용을 들여 다문화가족의 한국 생활을 돕기 위한 교육과 상담 활동도 벌이고 있습니다. 정부가 운영하는 다문화가족지원 포털 다누리(https://www.liveinkorea.kr)에서는 다문화에 대한 이해를 높이고 외국인 주민들의 한국 생활을 돕는 다양한 자료들이 베트남, 태국, 필리핀 등 여러 나라의 언어로 소개됩니다. 그리고 6·10민주항쟁 등 한국 근현대사가 중국어로 편찬되고, 다문화가정의 어린이를 위하여 《강아지 똥》 같은 동화책이 캄보디아어로 나오기도 합니다. 교과서에는 외국인 노동자와 다문화가족을 우리 사회의 사회적 소수로 다루며, 이들에 대한 차별 철폐를 인권 교육 측면에서 서술하고 있지요.

외국인 및 다문화가족에 대한 지원은 중앙정부는 물론이고 지방자치단체에서도 다양하게 펼치고 있습니다. 지역에 따라 운전면허 학원의 수강료를 지원하거나, 다문화가정의 친정 나들이에 항공권을 지원하기도 합니다. 다문화가정을 대상으로 무료검진 등 의료지원을 하는 곳도 있습니다. 주차장에 다문화가정 전용공간을 만들었다가 너무 과한 것 아니냐는 비난을 받은 곳도 있을 정도로 지방자치단체의 다문화에 대한 관심은 높습니다.

다문화에 대한 관심은 정부만이 아니라 여성단체와 노동계 및 인권단체 그리고 언론에서도 보이고 있습니다. 외국인 노동자를 학대하고 임금을 착취하는 기업들의 실태가 폭로되고, 이들에 대한 인종차별을 비판하는 목소리들이 언론을 통해 퍼져 나갔습니다. "외국인과 다문화가족을 편견과 차별의 시선으로 대해서는 안 된다", "피부색 등 외모가 우리와 다르다고 해서 차별하는 것은 부끄러운 일이다"라는 내용의 다양한 홍보와 캠페인도 이루어져 왔습니다.

이런 예들은 우리가 다문화 시대에 살고 있음을 실감하게 합니다. 더불어 우리 사회가 다문화 국가로 나아가기 위해 얼마나 많이 노력하고 있는지도 알게 하지요. 또 다문화가 어쩌다 일어난 우연한 현상이 아니라 우리 사회의 선택이란 것도 분명히 알 수 있습니다. 그래서 정부가 나서서 여러 정책을 펴는 동시에, 지역에서도 다문화가족과 외국인 주민을 위로하고 그들이 한국인과 잘 어울릴 수 있도록 다양한 행사를 열고 있는 것이고요.

하지만 다문화를 대한민국의 현실과 미래로 받아들이려는 정부 주도의 노력에도 불구하고 우리 사회의 다문화 현실이 그리 밝지만은 않습니다. 대한민국의 다문화 현실에는 복잡하고 짙은 그늘이 있습니다. 겉으로는 별문제 없어 보여도 그 안은 그렇지 않아요. 사회 한쪽에서는 다문화를 반대하는 목소리가 나오고, 이 때문에 논란이 벌어지기도 합니다. 이런 논란에는 외국인 범죄처럼 다문화의 어두운 현실에 대한 우려도 있지만 외국인들이 한국인의 피를 더럽힌다는 생각도 있습니다. 그러다 보니 외국인들을 향해 "더럽다"라거나 "돌아가라"라며 노골적인 혐오감을 드러내고 모욕하는 일도 일어납니다. 이런 일들이 일부 극소수의 행동이라면 대다수 한국인들의 태도는 어떨까요? 외국인과 다문화가족을 정말 우리 사회의 이웃과 동료로 받아들이고 있을까요? 여러분은 어떤가요? 검거나 까무잡잡한 피부도 나와 같은 '살색'으로 대하고 있나요?

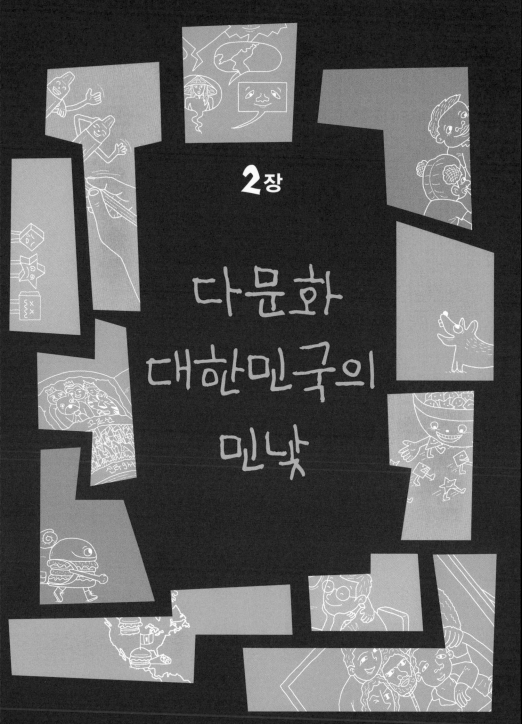

2장

다문화
대한민국의
민낯

1

우리는 정상,
다문화는 비정상

야,
다문화!

유찬(가명)이는 초등학교 6학년이다. 아버지는 한국인, 어머니는 베트남

인인 다문화가정의 자녀이다. 같은 반 아이들과 잘 어울려 지내고 있었

다. 그러던 어느 날 "너희 나라로 가"라는 말을 친구들에게서 들었다. "너

도 다문화라며? 꼴 보기 싫어." 외모에서 다른 아이들과 별 차이가 없던

유찬이가 같은 반 친구들로부터 따돌림을 받게 된 것은 그의 집이 다문

화가족이라는 사실이 밝혀지면서이다. 시(市)에서 다문화가족에게 문화

체험 기회를 지원한다며 그 자녀들만을 모아 고궁에 다녀왔는데, 그 일

이 같은 반 아이들에게도 알려진 것이다. '다문화'라는 사실이 알려지면

서 유찬이는 함께 어울릴 수 없는 아이가 되었다.

서울시교육청은 한 초등학교 분교를 폐교하고 장애인 학생들이 다니는 특수학교를 만들기로 했다. 이 학교는 임대아파트 단지 근처에 있었는데, 학생들이 줄어들어 분교가 됐다. 분교가 되기 전에는 학생들을 이웃 학교로 전학시키려 했다. 그러나 학부모들이 반대했다. 이웃 학교는 면적이 넓은 아파트 단지에 사는 아이들이 다니는 곳이다. 임대아파트에 사는 학부모들은 자기 아이를 '임대애들'이라 부르는 곳에 보내면 아이가 따돌림을 받을 것이라 걱정했기 때문이다. 분교가 된 이후에도 '임대애들'이 다니는 곳에 새로운 학생들이 잘 오지 않았다. 결국 폐교하고 특수학교를 만들기로 한 것인데, 이번에는 이웃의 비싼 아파트 주민들이 반대하고 나섰다. 장애인 학교가 들어서면 아파트값이 떨어질 수 있다는 이유 때문이다.

두 사례는 언론에 보도된 사건을 재구성한 것입니다. 두 사건은 시간이나 장소, 인물들 사이에 아무런 연관성이 없습니다. 하지만 두 사례에는 중요한 공통점이 있습니다. 한국 사회의 어두운 현실을 볼 수 있다는 점입니다. 무엇일까요?

첫 번째 사례는 다문화가정의 자녀가 따돌림을 받게 된 경우입니다. 두 번째 사례는 저소득층이 사는 임대아파트 주민의 자녀들과 장애인들이 배척당하는 현실입니다. 두 사례 모두 타당하지 않은 이유로 사람들로부터 누군가 외면당하는 경우입니다. 그런데 그보다 더 중요한 연관성이 있습니다. 따돌림을 받는 이유가 각각 다르고 서로 무관해 보이지만, 그 이유는 본질적으로 같은 성격의 문제라는 것입니다.

'다문화 국회의원 1호'라 불리던 필리핀 출신의 이자스민 의원을 기억하나요? 그는 한국인과 결혼하면서 한국으로 이민을 와 영화에도 출연하고 국회의원으로 활동하기도 했습니다. 그의 자녀 역시 별 탈 없이 학교에 다니다, 다문화라는 말이 한국 사회에 널리 퍼지면서 '다문화 학생'으로 특별한 시선을 받았다고 합니다. 선의든 악의든 특별한 시선을 받는 것이 썩 기분 좋은 일은 아닙니다. 남들과 다르다는 이유로 자신이 부각되는 것인데, 선의일지라도 그런 시선이 부러움 때문은 아닐 테니까요. 학교에서 다문화가정의 자녀들은 이름 대신 "야, 다문화!"라 불리는 경험을 합니다. 다문화가 이름이 되고, 더 나아가 일종의 신분이 되는 것이지요.

앞에서 본 것처럼 정부는 적지 않은 예산을 들여 다문화가족을 지원하는 정책을 펴고 있습니다. 한국인과 결혼한 외국인이 한국 생활에 적응할 수 있도록 필요한 도움을 주고, 그들의 자녀가 적절한 조건과 환경에서 자랄 수 있도록 지원하는 것이지요. 각 지역에는 '다문화가족지원센터'가 설립되어 여러 활동을 하고 있습니다. 그런데 다문화가족에 대한 이러한 지원과 관심이 오히려 그들에게 괴롭힘과 차별을 받게 하는 계기가 되기도 합니다. 다문화 방과후 활동, 다문화 책 지원사업 등 다문화가족의 자녀들만을 대상으로 하는 지원활동이 이들을 '비

(非)다문화가족'과 구분 짓는 역효과를 낳기 때문입니다. '다문화'인지 몰랐는데 친구들이 알게 되기도 하고, 다문화는 역시 뭔가 특별하다는 인상을 주는 것이지요.

물론 다문화가족에 관심을 갖고 지원하는 것이 잘못된 일은 아닙니다. 대체로 다문화가족의 부모는 경제적으로 어려울 뿐만 아니라, 특히 한국어가 서툴러 자녀를 교육하는 데도 어려움이 많을 테니까요.

그러니 이들에게 관심을 갖고 지원하는 것은 필요한 일입니다. 문제는 이들에 대한 지원이 '다문화'라고 낙인찍는 작용을 하고 있다는 것입니다. 뭔가 비정상적인 사람들로 주목받게 하는 것이지요.

'다문화'는 다문화가족 등의 외국인들을 우리 사회의 특별한 사람들로 만드는 '주홍글씨' 역할을 하고 있습니다. 주홍글씨는 멸시와 배척의 상징입니다. 사회적으로 지탄받을 만한 일을 한 사람들의 가슴에 새겨 넣는 낙인이었지요. '다문화'가 주홍글씨가 되고 있다는 것은, 우리 사회에 다문화라고 '새겨진' 사람들이 배척당하는 현실이 존재한다는 것을 보여 줍니다.

다른 게 어때서?

그래서 다문화가정, 다문화라는 표현을 다른 말로 대체해야 한다는 주장이 나오기도 합니다. '다문화'가 한국 사회에서 '우리'와 다른 특별한 사람들로 구분 짓는 용어로 받아들여지기 때문이라는 것이 그 이유입니다. 하지만 표현을 바꾼다고 사람들의 생각이 달라질까요? 어떤 용어를 써도 그 말에는 다문화라는 말을 통해 형성됐던 사람들의 생각이 따라다니지 않을까요? 가령 다문화를 '신한국인'으로 바꾼다고 해서 원래의 용어에 스며든 편견과 차별의 시선까지 말끔히 사라질까요?

단순히 용어만의 문제는 아닙니다. 그럼 다문화가 워낙 독특한 현상이어서일까요? 어쩌면 단일민족이란 생각을 갖고 살아온 오랜 역사에 비해 다양한 외국인들과 섞여 살아 본 경험이 적어서일 수도 있습니다. 낯선 일을 처음 접하면 당황스럽고 두려움을 느끼는 것이 자연스러운 반응일 수 있으니까요. 그런 이유라면 다문화를 겪어 보는 시간이 더 필요할 수도 있습니다. 그러나 한국에서의 다문화를 짧다고 할 수도 없지만, 이대로라면 시간이 지나도 다문화와 관련된 사람들에 대한 차별과 멸시는 지속될 것입니다.

다문화가족을 지원하는 등의 다문화 정책이 오히려 차별을 낳는 원인이 되는 것은 말과 시간의 문제가 아닙니다. 보다 근본적인 이유가 있어요. 그것은 우리 사회가 차이를 대하는 태도와 관련이 있습니다. 나와 다른 사람 사이에 나타나는 차이를 이해하고 관계 맺는 관점의 문제입니다. 앞에서 살펴본 두 사례는 바로 이 점에서 연관성이 있습니다. 서로 다른 사례가 한국 사회의 같은 문제, 즉 차이를 대하는 태도에서 비롯되는 현상이란 것입니다. 하나의 관점에서 나온 서로 다른 모습인 것이지요.

한국 사회에는 장애인이나 한부모가정, 저소득층처럼 다수의 사람들과 다른 조건에 있거나 다른 특징을 보이는 사람들을 정상이 아닌 것으로 여기는 생각이 널리 퍼져 있습니다. 이른바 보통 사람들과 다르다는 것인데요. 그래서 장애인은 비정상의 몸을 가진 사람이고, 한부모가정이나 조손가정(만 18세 이하인 손자나 손녀와 65세 이상인 조부모로 구성된 가정)은 비정상의 가족이고, 저소득층은 비정상의 생활을 하는 사람들로 생각합니다. 문화와 취향이 다른 사람들에 대해서도 마찬가지입니다. 다수의 사람들이 이어 가고 있는 삶이나 생각과 다르면 비정상으로 여깁니다. 동성애와 같은 성소수자가 대표적인 예입니다. 예전보다는 많이 줄었지만 한국 사회에는 여전히 이러한 차이를 비정상으로 대하는 편견과 차별 의식이 강한 편이지요.

다문화가족 지원 정책이 오히려 다문화가족을 차별받게 하는 결과를 낳는 이유는 이런 사회 현실에 다문화가족이 그대로 노출되어 있기 때문입니다. 차별적 시선이 강한 한국 사회에서, 다문화가족을 특별히 지원하는 정책은 그 자체로 다문화가족을 또 다른 비정상의 하나로 만들고 있습니다. 이는 단순히 지원 방법의 문제만은 아닙니다. 다문화가족을 동등한 이웃이 아닌 온정과 시혜의 대상으로 대하는 관점

의 문제라 할 수 있습니다. 이런 관점은 우리 사회의 극빈층과 장애인 등 사회적 약자를 비정상적인 불쌍한 사람들로 여겨 대해 온 것과 관련이 있습니다. 다문화가족 역시 그런 관점에서 보는 것입니다. 도와 줘야 할 대상으로만 대함으로써 오히려 이들을 사회로부터 구분 짓고 차별받는 존재로 만드는 결과를 낳은 것이지요.

한부모가정이나 조손가정의 자녀가 비정상이 아니듯이, 다문화 가족도 마찬가지입니다. 한국 사회의 다수가 이루고 있는, 부모와 자녀로 구성된 가족 형태와 다르다고 해서 비정상은 아니지요. 상황과 조건에 따라서 가족 형태는 얼마든지 다양하게 이뤄질 수 있습니다. 또 국가로부터 도움을 받는다고 비정상일 수도 없고요. 국가로부터 도움을 받는 것은 국민의 당연한 권리이며, 필요한 사람에게 도움을 주는 것은 국가의 의무이니까요. 민주주의와 인권 의식이 발달한 나라일수록 이 권리를 자국민만이 아니라 외국인에게까지, 즉 모든 인간에게로 확장하고 있습니다.

사람과 사람의 삶을 정상과 비정상으로 구분하는 생각 자체가 잘못입니다. 이른바 정상이란 다수의 생활방식, 처지, 생각을 기준으로 한 것입니다. 상대적으로 많은 사람들이 그런 생각과 그런 삶을 산다는 것일 뿐이지요. 그것이 정상과 비정

> 애들아, 진정해…
> 난 정상인이야…
> 내가 뭘 잘못했니…?

상을 가르는 기준이 될 수는 없습니다. 다수와 다른 방식과 생각을 가진 사람들은 언제나 있으며, 오히려 그것이 자연스러운 일입니다. '일반적' 또는 '보통'이란 말도 마찬가지입니다. 이 역시 많은 사람들이 보이는 경향을 말할 뿐이지 그 자체로 옳다는 의미는 아닙니다. 옳고 그름은 결코 많고 적음의 문제가 아니기 때문입니다. 다수의 생각이라 할지라도 옳지 않을 수 있고, 소수의 선택이라 해도 옳을 수 있으니까요.

다문화가족이 한민족 한국인으로 구성된 한국의 '일반적' 가족 형태와 다르다고, '보통'의 사람들과는 다른 도움을 받는다고 비정상으로 보는 것은 편견입니다. 편견이란 한쪽으로 치우친, 즉 공정하지 못한 생각입니다. 그런 편견에 빠져 그들을 업신여기거나 배척하는 것은 부당한 차별입니다. 이런 편견은 다른 것을 틀린 것으로, 차이를 차별로 대해 온 우리 사회의 인식이나 태도와 관련이 있습니다. 대다수 사람들의 생활방식이나 외모, 생각과 거리가 느껴지면 이를 다양성으로 받아들이기보다는 잘못된 것으로 보고 멀리하는 태도가 널리 퍼져 있는 것이지요. 다문화가족과 장애인에 대한 차별을 별개의 문제가 아니라 서로 연관된 문제로 보는 이유가 여기에 있습니다. 그동안 장애인 등 사회적 약자를 차별해 온 우리 사회의 편견이 다문화가족에도 똑같이 나타난 것입니다.

2

누구는 되고,
누구는 안 되고

피부색이
뭐라고!

서울의 강남역 주변 거리. "실례합니다. 코
엑스 몰은 어디에 있나요?" 외국인 한 사람이 거리를 지나는 사람들에
게 길을 묻습니다. 당황해하는 사람도 있지만, 대부분 미소를 지으며
손짓 발짓을 섞어 길을 가르쳐 주려고 애를 씁니다. 길을 묻는 외국인
은 백인입니다. 또 다른 외국인이 같은 질문을 합니다. 하지만 대부분
의 사람들이 그를 외면하며 피해 갑니다. 그는 동남아시아 사람입니다.

2009년 EBS에서 방송된 실험 내용의 일부입니다.[1] 실험의 목적
은 인간의 심리를 살펴보는 것이지만, 이 내용은 한국인의 외국인에
대한 태도를 상징적으로 보여 줍니다. 외국인이라고 무조건 싫어하거

나 환영하는 것이 아니라 피부색에 따라 대하는 태도가 다르게 나타나는 것이지요. 백인에게는 호감을 갖고 친절한 태도로 도우려 하는 데 반해, 백인이 아닌 경우에는 귀찮은 일 만난 듯 피하는 상반된 태도를 보입니다. 한국인은 왜 백인에게 더 친절한 태도를 보일까요? 정말 하얀색을 좋아하는 백의민족이기 때문에 그럴까요?

국가인권위원회에 '살색'이란 표현이 인종차별이라며 바로잡아 달라고 요청했던 독일인 요르그 바루트(한국 이름 박용) 목사는 10년 넘게 한국에서 선교사로 활동한 사람입니다. 그는 외국인에 대한 한국인의 태도가 이중적이라고 지적합니다. 백인에게는 지나칠 정도로 친절한 반면, 흑인이나 동남아시아 사람들에게는 경계하거나 무시하는 태도를 보인다는 것이지요.[2] 한국인의 이런 태도는 외국인, 특히 백인이 아닌 외국인들에게 선명하게 느껴집니다. 출신 국가에 상관없이 비백인계 외국인이라는 이유로 한국에서 오해와 언짢은 시선을 받거나, 차별을 겪은 외국인들이 많습니다. 동남아시아에서 온 외국인 노동자들은 여간해서는 한국인에게 길을 묻지 않는다고 합니다. 친절한 설명은커녕 차가운 시선을 받을 때가 많고, 그 때문에 모욕감을 느낄 때가 많다고 해요.

영어교육 자격과 함께 2년 이상의 강사 경력이 있는 한 미국인은 한국의 영어학원 강사에 지원했지만 거절당했습니다. 이유는 그의 피부가 검기 때문이었습니다. 한국인 수강생들이 영어교육 능력과 상관없이 흑인 강사를 기피한다는 이유 때문이지요.[3] 학원 측은 수강생이

■ 타당한 이유 없이 차이를 근거로 불평등하게 대하는 것을 차별이라 부른다. 모든 차별은 자의적인 기준으로 타인을 판단하려는 데서 생긴다. 피부색에 따른 부당한 편견이나 대우 역시 차별이다. 사람들의 피부색이 다른 이유는 자외선으로부터 피부를 보호하는 멜라닌 색소의 함유량이 다르기 때문이다. 멜라닌 색소가 많으면 피부색이 짙어지고 멜라닌 색소가 적으면 피부색이 옅어질 뿐이다.

어린 학생일수록 이런 경향이 강하다고 합니다. 학원을 운영하기 위해서는 어쩔 수 없다고 말합니다. 물론 모든 학원의 얘기는 아닐 것입니다.

여성가족부에서는 정기적으로 '국민 다문화수용성 조사'를 실시합니다. 국민들이 다문화를 어떻게 생각하고 받아들이는지를 살펴보려는 것인데요. 2012년에 실시한 조사 항목에는 이런 질문이 있습니다. "버스에서 옆자리에 백인이 앉았을 때보다 흑인이 앉았을 때, 더 무서운 생각이 든다." 여러분은 어떤가요? 지하철이나 버스에서 흑인을 만났을 때 공연히 두렵거나 피한 적은 없나요?

한국인들이 백인과 달리 흑인은 물론 피부가 검은 편인 동남아시아 사람들을 기피하는 이유는 무엇일까요? 여기에는 피부가 검은 사람에 대한 편견이 작용합니다. 피부가 검은 사람을 미개하고 열등한 사람 혹은 위험한 사람으로 보는 것이지요. 물론 피부가 검은 사람이 그렇지 않은 사람보다 열등하지 않습니다. 더 위험하다고 볼 근거도 없고요. 어떤 인종이 다른 인종에 비해 더 우월하거나 열등하다는 생각은 아무런 과학적 근거가 없는 편견, 즉 인종차별에 불과합니다. 백인이 다른 인종에 비해 우월하고, 백인이 아닌 열등한 인종들은 스스로 문화 발전을 이룰 수 없기 때문에 식민지 통치를 받는 것이 당연하다고 주장하던 시대에 유행하던 생각입니다.

물론 처음부터 한국인들 마음속에 이런 인종차별적인 생각이 있던 것은 아닐 테지요. 아마도 어떻게 하면 나라의 힘을 키울 수 있을지

고민하던 시기에 미국 등 백인이 주도하는 국가의 문화를 접하면서 형성된 것으로 보입니다. 한국인이 처음 접한 외국인은 주로 백인이었으며, 그들은 앞선 기술 문명을 갖추고 있었습니다. 서양식 옷과 음식, 문화, 제도는 말 그대로 선진적인 것이었으며, 이를 좇는 것이 개화이고 근대화였지요. 일제 강점에서 벗어나고 한국 전쟁을 겪으면서 이런 생각은 더 커졌습니다. '은인의 나라'로 여긴 미국의 강력한 힘과 발달한 문명에 대한 동경이 백인에 대한 선망으로 나타난 것이지요. 특히 한국에 대거 유입된 미국의 대중문화는 그다지 경험해 보지 못한 다른 인종에 대한 선입관을 갖게 했습니다. 백인은 주인과 문명인으로, 흑인과 황인종은 노예와 야만인으로 그려진 미국 상업영화의 도식에 익숙해지면서 아프리카와 아시아 사람들을 낮추어 보는 생각이 자라 온 것이지요.

유색인종(有色人種)이란 말을 들어 본 적 있나요? 한자 그대로 해석하면, 피부에 '색이 있는 인종'이란 뜻입니다. 영어의 'people of color'에서 온 말로 생각되는데요. 한국 사회에서 백인이 아닌 다른 인종을 표현할 때 흔히 사용합니다. 그러나 이는 말에 의한 인종차별입니다. 유색인종이란 말은 '유색'이 아니라는 백인을 기준으로 다른 인종을 비정상적 피부색을 가진 사람들로 구분하는 것입니다.

유색인종과 대비되는 말은 무색인종(無色人種)일 것입니다. 풀이를 하면 피부에 '색이 없는 인종'이 될 텐데, 그러나 백인을 그렇게 표현하지는 않습니다. 피부에 색이 없는 사람은 있을 수 없지요. 아마 백

■ 1939년 미국의 한 노면전차 터미널에서 물을 마시는 아프리카계 미국인. 당시에는 마시는 물조차 흑인
과 백인 전용으로 분리되어 있었다. 당시 미국 사회의 피부색에 따른 인종차별은 화장실이나 기차 객실, 학
교 등 대부분의 공공시설에서 공공연히 이루어졌다.

인을 그렇게 부르면 인종차별이라 항의할 것입니다. 백인을 무색인종이라 부르지 않듯이 백인이 아닌 사람들을 유색인종으로 지칭하는 것은 옳지 않습니다. 그럼에도 한국 사회에서는 이 말이 별생각 없이 사용되고 있습니다. 그것은 한국인 스스로가 자신을 유색인종으로 분류하는 행위입니다. 무심코 쓰는 말일 수도 있지만, 백인에 대해 품고 있는 인종적 열등감이 은연중에 드러난 것이라고도 할 수 있지요.

피부색을 기준으로 사람을 둘로 나누고, 자신보다 더 '색이 짙은' 사람들을 차별하는 것은 백인 중심의 인종적 편견, 백인우월주의를 따르는 태도입니다. 백인우월주의를 따르는 것은 백인이 아닌 자신을 스스로 낮추는 열등감과도 같습니다. 아프리카와 아시아권 외국인에 대한 차별은 그 열등감을 우리보다 피부색이 더 짙은 사람들을 열등한 존재로 대하면서 해소하고 위로받는 태도입니다. 한국 사회의 다문화에 대한 이중적 태도는 이런 인종적 편견 때문에 형성된 것일지도 모릅니다.

어느 나라에서 왔어요?

비백인계 외국인을 기피하는 한국인들의 태도는 한국 전쟁 이후 미국 등 백인 중심의 국가들과 교류를 많이 해 친근감을 느끼기 때문이라는 주장이 있습니다.[4] 비백인계 나라와의 교류는 소극적이었고, 접촉 경험도 적었기 때문에 낯설고 두려움을 느낀다는 것이지요. 일리는 있지만, 뭔가 설득력이 좀 부족합니다. 이는 문제의 한 측면만 짚은 것이니까요. 한국인의 외국인에 대한 태도에는 피부색만이 아니라 출신 국가의 경제력에 따른 편견도 작용합니다. 경제발전 수준이 높은 선진국 출신일 경우에는 호감을 보이는 반면, 이른바 후진국 출신일 경우에는 기피하거나 무시하는 경향이 있습니다.

아일랜드에서 온 한 여성이 영어학원 강사로 지원했다가 거절당한 적이 있다고 합니다. 물론 한국에서요. 거절당한 이유가 이번에는 피부색이 아닙니다. 학원에서 말하기를 아일랜드 사람들이 술을 많이 마시기 때문이라고 했다고 하네요.[5] 아일랜드의 음주 문화를 이유로 내세웠지만, 학원의 속내는 그것이 아닙니다. 아일랜드 출신의 그가 비록 '원어민 강사'일지는 몰라도 한국인이 선호하는 국가 출신은 아니었습니다. 한국에서 아일랜드인은 선진국 국민이 아니기 때문이지요.

한국 사회는 같은 백인일지라도 미국이나 유럽 등 경제 선진국 출신이 아닌 경우에는 이른바 유색인종 대하듯이 낮추어 보는 경향이 있습니다. 러시아나 우즈베키스탄에서 온 사람들이 말하는 차별 경험은 미국이나 캐나다에서 온 사람들보다 더 많습니다. 이들은 백인이지만 경제발전 수준이 한국보다 그다지 높지 않은 나라 출신입니다. 출신 국가의 경제력에 따라 차별하는 것이 백인에게만 국한된 태도는 아닙니다. 한국인들과 같은 황인종에 대해서도 나타납니다. 우리와 피부색 등 외모에서 별 차이가 없는 중국인과 한국계 중국인을 낮추어 보는

태도에도 경제적 우월감이 작용하고 있지요.[6]

외국인에 대한 한국인의 이중적 태도는 이렇게 피부색과 경제력이 중첩되어 나타납니다. 피부색이 검을수록, 경제발전 수준이 낮은 나라 출신일수록 낮추어 봅니다. 비백인계 외국인들은 경제적으로 낙후한 나라에서 온 사람들이고, 선진국에서 왔다 해도 그 나라에서 낮은 계층의 사람일 것이라는 생각이 형성되어 있는 것이지요. 그러다 보니 피부도 검고 경제력이 약한 나라의 사람들이 더 많은 차별을 겪게 됩니다. 현재 한국에 와 있는 외국인들 중에 비백인계는 대체로 아시아 출신들이 많고, 이들의 출신국은 한국에 비해 경제발전 수준이 낮은 개발도상국입니다. 한국에서 다문화에 대한 부정적 생각은 이런 문제와도 연관이 있습니다.

미국의 경제신문 〈월스트리트 저널〉은 '한국, 경제력에 따라 인종차별하는 나라?'라는 기사를 실은 적이 있습니다. 한국 학자의 말을 인용한 이 기사에서는 한국인이 경제발전을 가장 중요한 가치로 여기기에 경제력에 따라 국가의 우열을 판단하는 경향이 짙다고 하더군요.[7] 거의 모든 것이 잿더미가 된 한국 전쟁 이후 한국이 경제발전에 매달린 것은 자연스러운 일이라 할 수 있습니다. 먹고사는 문제를 해결하는 것이 가장 중요했고, 가난에서 벗어나는 일이 '민족의 과제'처럼 생각될 수밖에 없는 시기였으니까요. '잘살아 보세'로 상징되는 1960년대 이래 경제성장은 나라의 최우선 과제였고, 국민들 개인도 더 많은 돈을 모으는 것이 성공의 지표가 되었지요. 경제적 성공이 다른 무엇

■ '한강의 기적'은 한국 전쟁 이후 반세기에 걸친 대한민국의 급속한 경제 성장을 일컫는다. 전쟁으로 모든 것이 황폐화된 땅에서 도시를 재건하고 먹고사는 문제를 해결해야 한다는 사회 분위기는 '성장 제일주의'라는 부작용을 낳았다. 이는 부(富)의 척도가 모든 가치 판단의 중심이 되는 태도로 이어져 인간 소외와 사회 불평등과 같은 심각한 사회 문제를 일으킨다는 비판을 받고 있다. 사진은 63빌딩에서 바라본 한강의 모습.

보다 중요한 가치였고, 이를 기준으로 다른 것을 비교하고 판단하는 경향이 생긴 것입니다. 이렇게 한국인들의 가치관에 경제가 큰 비중을 차지하면서 경제적 가치로 판단해서는 안 되는 문화나 윤리 등도 이를 기준으로 대하는 문제가 생겨난 것이지요.

이런 문제 중 하나가 사람을 대하는 태도에서도 드러납니다. 한국 사회에는 자신보다 비싼 차를 타거나 비싼 아파트에 사는 사람을 부러워하고 그렇지 않은 사람들을 낮춰 보는 경향이 있습니다. 갖고 있는 부(富)의 크기에 따라 사람들의 가치를 평가하고 차별하는 태도가 있는 것이지요. 경제적으로 성공한 사람이 훌륭한 사람이 되고, 그렇지 못하면 실패자가 됩니다. 나보다 재력이 강한 사람에게는 약해지고, 재력이 약한 사람에게는 강해지는 태도가 나타납니다. 출신 국가의 경제력과 연관해 외국인을 차별하는 태도는 한국 사회의 같은 한국인을 바라보는 태도와도 맥을 같이합니다. 경제적 능력을 중심으로 사람을 보는 태도가 외국인에게도 그대로 나타나는 것이라 할 수 있습니다.

선진국 백인에게는 과잉 친절, 후진국 비백인에게는 경계와 무시. 이는 한국 사회의 뿌리 깊은 차별 의식이 외국인에게 그대로 적용되는 모습입니다. 한국인들이 같은 한국인을 대하는 태도, 바로 우리 자신을 대하는 태도가 그대로 다문화에 반영되어 있는 것이지요. 그래서 다문화 문제가 한국 사회 내부의 문제와도 연관이 있다고 말하는 것입니다.

이런 이중성은 한국인의 다문화에 대한 자세에도 그대로 이어짐니다. "다문화? 그런 시대라니 해야지, 뭐. 그런데 후진국 사람들이 너무 많이 오는 거 아냐? 이왕이면 우리나라 발전에 도움 되게 선진국 사람들이 많이 와야지." 이런 태도는 다문화 자체는 수긍하면서도 동남아시아 등 비백인 외국인, 개발도상국 사람들에 의해 이뤄지는 다문화는 달가워하지 않는 것입니다. 하지만 이는 결과적으로 다문화를 반대하는 입장과 별로 다르지 않습니다. 한국의 다문화는 주로 그들이 기피하는 '후진국 비백인'들에 의해 이뤄지고 있으니까요.

3

자기중심적 다문화

우리는 주인, 너희는 노비

왜는 짜샤, 우리가 주인이잖아!

한국인 직원 중 한 명이 소리쳤다.

그것이 그들의 명분이었다. 추우면 너희 나라로 가라는 말도 나왔고, 너희들은 원래 난로 같은 것 없이 살아왔지 않느냐는 말도 나왔고, 급기야 까불면 모조리 신고해서 붙잡혀 가도록 하겠다는 말까지 나왔다. 회사가 잘되던 때까지만 해도 같은 직원으로서 오순도순 지내던 동료들이었다. 네팔 말로 '나마스테'라고 인사하던 유순한 사람도 있었다. 그런데 그동안 쌓아 왔던 우정은 모두 소용없었다.

우리는 직원, 너희는 노동자.

우리는 주인, 너희는 노비였다.

우리가 쓰는 것이 화장지라고 한다면 너희가 코 푸는 것은 휴지라는 것이었고, 우리가 사용하는 것이 화장실이라면 너희가 똥 싸는 것은 변소라는 식이었으며, 우리가 먹는 밥이 식사라면 너희가 먹는 밥은 여물이라는 것이었다. 우리와 너희는 철저히 달라서, 그들은 외국인 노동자들이, 자기들과 똑같이, 안 먹으면 배고프고 기온이 내려가면 춥다는 사실조차 이해하려 들지 않았다. 춥고 배고프고 천대받도록 애당초 설계된 종족들에게 난로가 뭐 필요하냐고, 그들은 갑자기 표변하여 소리 질렀다.

고등학교 문학 교과서에 실린 박범신의 소설 《나마스테》[8]에는 조그마한 전기난로를 놓고 한국인과 외국인으로 갈려 싸움을 벌이는 장면이 나옵니다. 평소에 이들은 함께 일하는 동료로서 잘 지내 왔습니다. 한국인과 외국인으로 가르지 않고 서로를 살갑게 대하며 일하고 있었지요. 그러다 회사가 어려워지고 추운 날씨에 기숙사 난방이 되지 않자 외국인 노동자 기숙사에 있던 전기난로를 한국인 노동자들이 빼앗으려 하면서 싸움이 일어난 것입니다. 이해관계가 대립하자 한국인들이 갑자기 태도를 바꾸어 버린 것이지요. 이해관계 대립이란 서로에게 이익이나 손해에 상반된 영향을 미치는, 즉 상대가 이익을 보면 그만큼 내가 손해를 보게 되는 관계를 말합니다. 따라서 이해관계가 대립하면 다툼이 벌어질 수 있습니다. 문제는 그 과정에서 드러나는 한국인 노동자들의 태도입니다. 그들은 자신들의 이해를 상대에게 요구하고 설득하는 것이 아니라 상대의 존재를 아예 부정하는 태도로 일관하고 있습니다. 편견과 차별 의식을 그대로 드러내는 것이지요. 함께 일해 왔던 정이나 같은 노동자라는 유대감은 순식간에 사라지고, 외국인 노동자는 도저히 함께 살 수 없는 전혀 다른 부류의 인간으로 적대하는 것입니다.

소설 속 한국인들은 외국인도 배고픔과 추위를 느끼는 동등한 생리적 욕구를 가진 존재라는 것을 인정하지 않습니다. 서로의 이해를 조절해 타협을 추구하는 것이 아니라 함께 있는 것조차 거부하는 것이지요. 처음부터 외국인을 거부한 것은 아니지만, 그들의 욕구가 나의 욕구와 충돌하자 그들의 존재 자체를 거부하는 행동으로 돌변하는 것입니다. 비록 소설 속 상황이지만 다문화를 대하는 한국 사회의 현실과 크게 다르지 않습니다. 이 소설은 우리 사회의 현실을 상징적으로 보여 주고 있습니다.

정부와 언론의 노력 덕분에 우리 사회의 다문화에 대한 인식은 높은 편입니다. 다문화 사회로 나아가야 한다는 인식도 꽤 퍼져 있고, 그에 동의하는 사람도 적지 않습니다. 다문화를 우리 사회의 현실과 미래의 방향으로 받아들이고 있습니다. 하지만 다문화가 직접적으로 자신의 문제가 되는 경우에는 태도가 달라지기도 합니다. 자신의 문제로 바라보지 않거나, 자신의 이해관계를 건드리지 않는 선에서 다문화를 인정하는 것이지요.

문화체육관광부 국민소통실의 발표를 보면 2013년 국민의 다문화 인식을 조사한 결과, '한국은 다문화 국가다'라는 의견에 동의하는 비율이 83퍼센트 가까이 됩니다. 상당히 높은 비율입니다. 그러나 다문화가정의 자녀가 내 자녀와 결혼하는 것에 대해서는 47퍼센트가 반대하는 태도를 보입니다.[9] 우리나라가 다문화 국가임을 인정하는 것은 생김새와 문화가 다른 다양한 외국인들이 한국에서 생활하는 것과 그들이 한국인과 가정을 꾸릴 수 있음을 받아들이는 것입니다. 더 나아가 외국인과 다문화가정의 자녀가 외국인이라는 이유로 차별이나 배척받지 않고 살아야 한다는 것을 인정하는 태도입니다. 그러나 그들이 내 가족의 구성원이 되는 것은 용납할 수 없다는 사람이 많습니다.

이런 태도는 다문화 자체를 반대하는 것에 비하면 긍정적이기는 합니다. 외국인을 추방하라거나 국제결혼은 금지시켜야 한다는 등 현실을 부정하거나 사회 변화 자체를 거부하는 것은 아니니까요. 그렇다고 다문화에 대한 이중적인 태도를 올바르다고 할 수도 없습니다. 다문화와 관련된 한국 사회의 문제를 지속시키기 때문이지요. 외국인과 다문화가족에 대한 편견이 그대로 남아 있는 한 다문화 태도는 언제 적대적으로 돌변할지 모릅니다. 앞의 소설 속 한국인들처럼 자신의 이해관계에 영향을 끼친다면 말이지요. 이런 이중성은 왜 나타나는 것일까요?

내가 가면 세계화,
네가 오면 다문화

다문화에 대해 이중적인 태도를 보이는 것은 판단 기준이 이중적이기 때문입니다. 동일한 현상을 서로 다른 기준으로 평가하고 판단하는 것이지요. '이중 잣대'라고도 합니다. 예를 들면, 똑같은 행동인데도 내가 하면 옳은 일이고, 남이 하면 잘못된 일로 보는 것이지요. '내가 받으면 선물, 남이 받으면 뇌물'이 되는 것입니다. 이중 잣대가 개인을 넘어 어떤 집단을 향해 나타나는 경우에는 사회 갈등의 원인이 됩니다. 평범한 사람의 불법행위는 엄격히 처벌하면서 권력자의 같은 행위는 관대하게 처리하는 경우 서민들의 반발이 일어나는 것이지요. 이중 잣대는 나와 내가 소속한 집단이 아닌 다른 집단의 사람들을 불공평하게 대하는 것이라 할 수 있습니다. 이런 태도에서 나의 이익 추구는 정당한 것이고, 상대의 이익 추구는 부당한 것이 됩니다.

우리 사회의 다문화에 대한 태도에는 자기중심적인 이중 잣대가 있습니다. 한국에 온 외국인 노동자들이 겪은 차별과 학대는 우리 사회에서도 큰 문제로 제기될 만큼 심각했습니다. 앞에서 예를 든 소설《나마스테》는 외국인 노동자들이 한국에서 어떤 대접을 받아 왔는지를 보여 줍니다. 저임금과 장시간 노동은 한국 사회의 오랜 노동 문제인데, 최근에는 한국 사회의 노동환경에 익숙지 않은 외국인 노동자들이 가장 심각하게 겪고 있지요. 여기에 더해 말이 통하지 않는 것을 빌미

3 자기중심적 다문화 63

로 폭행과 멸시를 받기도 합니다. 'X새끼야'가 호칭인 줄 알았다는 말이 나올 정도로 폭언에 시달린다고도 합니다. 일하다가 몸이 아파도 쉬기 어렵고, 산업재해를 당해도 제대로 치료를 받거나 보상을 받지 못하기도 합니다.

이런 문제들은 여권을 빼앗기지 않았을 뿐 오래전에 한국인 노동자들이 겪어 왔던 일입니다. 임금을 제때 제대로 받지 못하는 일도 부지기수라고 하네요. 그래서 외국인 노동자들이 당하는 비인간적 처우에 대해 많은 사람들이 비판의 목소리를 높여 왔습니다. 지금 외국인 노동자들이 겪는 문제는 과거 기업주와 회사 간부들로부터 한국인 노동자들이 받은 대우와 비슷합니다. 한국의 폭력적인 노사 관계가 외국인 노동자들에게 그대로 옮겨져 나타나는 셈이지요. 다른 점이 있다면 그 폭력에 같은 노동자인 한국인들도 가세한다는 것입니다.

한국인 기업주나 노동자들에게 외국인 노동자는 남의 나라에 와서 돈 벌어 가는 사람들에 불과합니다. 가난한 나라 출신이라 적은 임금으로도 얼마든지 부릴 수 있는 사람들요. 피부색도 까무잡잡하고 행색도 초라한, 존중해야 할 이유가 별로 없는 사람들요. 하지만 한국 역사에 대해 알고 있는 외국인들은 말합니다. "너희들도 외국에 나가서 돈을 벌어 오던 시절이 있지 않느냐, 너희 부모 세대들이 외국에서 우리와 같은 대접을 받았다면 그것이 옳다고 보느냐?"

몇 년 전 크게 인기를 모은 영화 〈국제시장〉에는 50여 년 전, 외국인 노동자로 독일에 갔던 우리나라 간호사와 광부들의 모습이 소개되고 있습니다. 이국땅에서 고생을 마다하지 않은 사람들이 있어 그 자녀들이 더 나은 삶을 살 수 있는 기회를 가졌고, 총알이 빗발치는 베트남에서 목숨을 걸고 일한 사람들이 있어 경제적으로 발전한 오늘날의 대한민국이 있다는 것입니다. 그러나 그분들이 우리에게는 자랑스럽고 고마운 선배 세대겠지만, 독일과 베트남 사람들에게는 낯선 외국인 노동자일 뿐이었습니다. 지금 한국에 있는 외국인 노동자들 역시 후손들을 위해 헌신하던 그때의 한국인 노동자들과 같은 존재입니다.

우리는 일본이나 미국 등 다른 나라에서 한국인이 부당하게 차별받았다는 이야기를 들으면 분노합니다. 그러나 그 분노는 한국에서 한국인이 외국인을 차별하는 일 앞에서는 일어나지 않습니다. 부당한 차별에 대한 분노가 한국인인가 아닌가에 따라 달라지는 것인데요. 한국인으로서 자긍심이 강해서일까요? 같은 민족에 대한 연민이 깊어서일까요? 만약 그렇다 해도 이중 잣대라는 비판을 피할 수는 없습니다. 우리가 받는 폭력이 부당하다면 그들에게 가해지는 폭력도 부당하며, 우리가 받는 차별이 옳지 않다면 그들에게 가해지는 차별도 옳지 않은 것 아닌가요?

한국인을 중심에 두고 판단하는 이중적 태도는 다른 경우에도 벌어집니다. 외국에 나간 한국인이 어떤 분야에서 두각을 나타내면 한국 사회는 이를 매우 자랑스러워합니다. 해외에 사는 한인 교포가 그 나라 정계에 진출해도 뉴스에 나올 정도입니다. 반면에 필리핀 출신의 이자스민 의원은 한국에서 어떤 대접을 받았나요? 엄연히 대한민국

■ 외교부가 집계한 자료에 따르면, 해외에서 살고 있는
재외 동포는 2017년 기준으로 740만 명을 넘는다고 한
다. 그들은 각자의 이유로 대한민국을 떠나 낯선 땅에서
새로운 삶을 살고 있다. 그들이 이주민으로서 겪는 차별
이 부당하다고 느낀다면 한국 사회의 이주민에 대한 차별
도 부당한 것이다. 사진은 맨해튼에 있는 코리아타운의
밤 풍경.

국민임에도 그가 '너희 나라'로 돌아가라는 소리를 듣는 것은 국회의원으로서 무능하거나 부패를 저질러서가 아닙니다. 필리핀 사람이 한국에서 국회의원을 하는 것이 이유였습니다.

한국은 20여 년 전부터 전 세계가 국가 간 경계가 허물어지며 하나의 경제권으로 통합되어 가는 세계화 열풍에 뛰어들었습니다. 세계화를 해야 선진국이 될 수 있다며 대통령을 필두로 정부가 앞장서고 기업들도 너 나 할 것 없이 세계화를 외쳐 댔지요. 현재는 초기에 유행했던 세계화라는 말을 별로 사용하지 않을 만큼 당연한 일이 되었습니다. 국민 모두가 세계화 시대에 맞게 생각하고 행동해야 한다고 강조되어 왔으니까요. 그래서 한국인이 외국에 진출하는 것은 세계화 시대에 부합하는 자랑스러운 활동으로 여깁니다. 특히 외국에서 사는 한국인이 한국 고유의 전통을 지키려 하는 것을 매우 칭찬합니다. 한복을 입고 외국 거리를 누비면 국위선양인 것처럼 생각합니다. 하지만 외국인이 한국에서 활동하며 그 나라의 전통을 유지하려 하는 것에는 눈살을 찌푸립니다. 한국에 사는 외국인들이 그들 고유의 문화생활을 하거나 종교행사를 하는 것은 불편해합니다. 이슬람 외국인 여성이 머리에 히잡이라도 두르고 있으면 따가운 시선을 던집니다.

'한류'는 한국의 대중문화가 외국에서 크게 인기를 얻고 있는 현상입니다. 그러나 외국 입장에서는 외래문화입니다. 한류를 자랑스러워하는 만큼 한국 사회는 아시아의 문화를 받아들일 준비가 되어 있을까요? 외국인 노동자가 한국에 오는 것이나, 한국의 대중문화가 외국에서 환영을 받는 한류는 모두 세계화 현상입니다. 다문화 역시 세계화가 빚어낸 현상이지요. 한국인의 세계화를 치켜세우면서 동남아시아인의 세계화를 인정하지 않는 것은 세계화를 자기중심적으로 이해하는 잘못된 관점입니다. 이 역시 이중 잣대입니다.

다문화가 남의 일이라고?

이런 이중적인 태도는 왜 생길까요? 상대방 입장에서 생각해 보려는 '역지사지'를 못해서일까요? 이른바 선진국에 나가 있는 한국인들 역시 유색인종이라는 이유만으로 그 나라 사람들에게 차별적인 시선을 받은 경험이 많다고 합니다. 우리의 세계화가 저들에게는 '다문화'에 불과할 수도 있으니까요. 외국에 나간 한국인들이 외국인이라는 이유로 차별받는 것이 옳지 않다면, 한국인이 한국에 거주하는 외국인을 차별하는 것 역시 옳지 않음을 깨달아야 하겠지요. 그런 점에서 다문화에 대한 이중성은 역지사지의 자세로 생각해 볼 필요가 있습니다. 그런데 더 중요한 문제가 있습니다.

세계화는 치켜세우면서 다문화는 폄하하고, 다문화를 인정하면서 나의 문제로 보지 않는 태도는 세계화와 그에 따른 다문화를 마지못해 받아들이는 소극적인 자세입니다. 다문화가 탐탁지 않지만 정부나 언론에서 하는 얘기를 들어 보니 막을 수는 없어 보이고, 당장 내 생활에 영향을 끼치는 것도 아니니 받아들여 준다는 것이지요. 물론 잘 살아보겠다고 가난한 나라에서 낯선 한국에 와 고생하는 사람들에 대한 안쓰러운 마음도 있습니다. 그러나 다문화를 어떻게 이해하고 대응해야 되는가에 대한 고민은 하지 않으려 합니다. 이런 태도는 다문화를 막을 수 있거나 막아야 한다고 생각하지 않을 뿐, 다문화에 선을 긋고 거리를 두는 것입니다. 선만 긋는 정도가 아니라 그 위에 벽을 쌓아 올리는 것이지요. 다문화를 자신의 일이 아니라 남의 일로 보면서 스스로 어떠한 노력도 하지 않으려는 태도입니다. 나의 이익이나 나의 삶에 영향을 주지 않는 선까지만 다문화를 인정한다는 태도는 변화를 거부하며 이제까지 살아온 삶의 방식을 고집하겠다는 것입니다.

여기에는 타인과 어울려 사는 우리들 방식에는 아무런 문제가 없으니 필요하다면 우리가 아닌 그들이 바뀌어야 한다는 생각이 깔려 있습니다. '우리는 주인, 너희는 노비'라는 생각과 무엇이 다를까요? 이는 다문화를 인정하는 것이

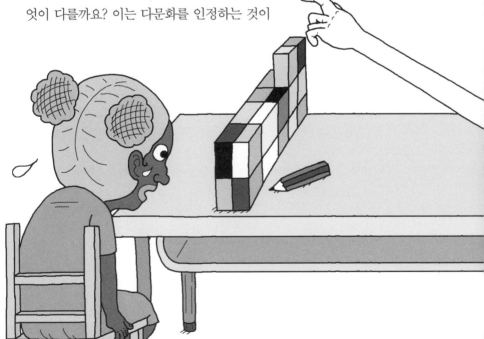

우리와 다른 문화를 가진 사람들을 우리 주위에 살 수 있도록 허용하는 것으로 국한시켜 생각하는 태도입니다. '우리나라에서 살 테면 살아 봐, 하지만 내 곁에 가까이 오지는 마', 이런 것이지요.

그러나 이는 다문화가 그저 더 많은 외국인이 다녀가는 일시적 현상이 아니라 한국 사회에 새로운 구성원이 생기는, 그래서 한국 사회의 구조가 바뀌는 장기적인 변화라는 점을 생각하지 못하는 것입니다. 한국이 다문화 국가가 된다는 것, 좀 더 정확히 말해 다문화 국가로 가는 길에는 우리 사회가 그동안 큰 문제라 여기지 않아 무시해 왔던 우리와 다른 문화, 다른 외모를 가진 사람들에 대한 태도를 돌아보고 개선해야 하는 과제가 있습니다. 앞에서 살펴본 사회적 약자와 소수자를 대하는 태도, 결국 차이를 대하는 태도와 연결되는 것이지요.

다문화는 이미 한국 사회의 현실입니다. 다른 나라 혹은 다른 도시에서만 벌어지는 일이 아닙니다. 다문화를 받아들인다는 것은 그런 현상이 한국 사회에서 나타나고 있다는 사실을

인정하는 것으로 그칠 수 없습니다. 다른 도시, 다른 사람에게 일어나는 일이 아니라 다문화를 우리의 문제, 나의 문제로 받아들여야 합니다. 다문화는 단순히 외국인들이, 다른 피부와 문화를 가진 사람들이 한국 땅에 사는 것을 허용하는 태도로 한정될 수 없는 문제입니다. 그들이 한국에 있는 이 순간, 그들은 우리와 함께 '우리'가 됩니다. 다문화가족이나 외국인 노동자들이 '우리'가 된다는 의미는, 이들이 대한민국 국적을 가졌든 아니든 간에 같은 조건에서 한국 사회의 문제를 공유하고 사회발전을 함께 이뤄 나가는 존재가 된다는 것입니다.

다문화는 우리 사회가 마주한 중요한 변화입니다. 그런 만큼 앞으로 다문화 사회를 위해 우리가 준비해야 할 것들이 무엇인지 고민해 봐야 하지 않을까요? 그러나 이런 변화를 받아들이지 않고 거부하려는 시도도 있습니다. 바로 반(反)다문화 운동입니다.

4

다문화를 반대하는 목소리

"한국을 다인종, 다민족 국가로 만들고자 하는 다문화 정책을 반대합니다."

서울 여의도, 국회 정문 앞에서 앳된 모습의 여성이 커다란 팻말을 들고 서 있습니다. 그의 앞 '대자보'에는 팻말로 다하지 못한 그의 말들이 가득히 적혀 있습니다.

1인 시위를 하고 있는 이 여성 같은 생각과 행동을 일컬어 반다문화라고 합니다. 반다문화란 말 그대로 한국이 다문화 사회로 가는 것에 반대하는 태도입니다. 이런 생각을 가진 사람들끼리 모여 단체를 만들고 인터넷 카페 등에서 활동하기도 하지요. 정부는 온라인상에 다문화 정책을 반대하는 카페가 20여 개 개설되어 활동하고 있으며, 회원 수는 1만여 명 정도 되는 것으로 파악하고 있습니다.[10] 다문화를 반대하는 사람들이 많은 편은 아닙니다. 하지만 일부 언론이나 학계에서도 다문화를 반대하는 목소리를 내고 있고, 특히 온라인상에서는 반다문화 활동이 꾸준하게 이루어지고 있습니다.

이들은 한국에 외국인이 늘어나고, 그들과 함께 섞여 살아가는 것에 매우 부정적입니다. 외국인에 대한 혐오와 다문화 정책에 반대하는 입장을 공격적으로 표출하고 있고, 이런 언동에 서로 공감합니다. 그만큼 외국인 또는 다문화에 적대적이라고 할 수 있지요. 비록 그 목소리가 사회적으로 크지는 않지만, 이들이 더 큰 세력으로 발전할 가능성이 없는 것은 아닙니다. 한 사회의 외국인 및 다문화에 대한 태도는 고정되어 있지 않고, 경제나 정치적 상황에 따라 유동적으로 변하니까요. 경제 불황이 깊어지거나 사회 불안이 심해지면 호의적인 태도보다는 부정적인 태도가 증가할 수 있습니다.

다문화를 반대하는 이들의 주장은 다문화로 인해 국민이 차별받고 있고, 사회 불안이 증가하여 국가 안보가 위태로워진다는 생각에 근거하고 있습니다. 외국인이 늘어나면서 한국 사회의 발전이 위협받고 국민의 이익이 심각하게 침해받고 있다는 것이지요. 이들의 주장대로 다문화로 인해 국민이 차별받는다면 이는 올바른 현상이라 할 수 없습니다. 외국인 증가로 사회가 불안해지고 나아가 국가 안보에 위협이 된다면 우리는 다문화를 다시 생각해 봐야 할 것입니다. 그러나 이들의 주장을 그대로 받아들일 수 있는지는 심사숙고가 필요합니다. 그들이 주장

하는 다문화에 대한 '국민 역차별' 논란과 외국인 범죄를 어떻게 봐야

할지 살펴볼까요?

외국인 때문에
국민이 차별받는다고?

2014년 12월 인터넷에서

벌어진 '이자스민 미친법' 소동은 다문화 정책으로 국민이 차별받고

있다는 논리를 여실히 드러냅니다. 불법체류자(미등록 외국인) 자녀에

게 의료 혜택을 주고 의무교육을 받을 수 있도록 하는 내용의 〈아동복

지법〉 개정안이 불법체류자에게 부당한 혜택을 줌으로써 국민을 역차

별한다는 것이 논란의 핵심이었습니다. 이를 필리핀 출신의 '다문화 국

회의원'인 이자스민 의원이 발의했다고 해서 소동이 일어난 것이지요.

논란의 요점은 우리 사회의 수많은 독거노인, 한부모가정, 조손가정에

게는 돌아가지 않는 혜택이기에 국민 역차별이라는 것이었습니다.[11]

다문화를 반대하는 사람들의 주장처럼 다문화에 대한 여러 지원

이 있는 것은 사실입니다. 들어가기가 '하늘의 별 따기'라는 국공립 어

린이집을 다문화가정의 자녀가 우선 이용할 수 있도록 하고, 대학에도

특례 입학할 수 있도록 하고 있습니다. 다문화가정을 대상으로 무료검

진 등의 의료 지원을 하는 곳도 있지요. 이러한 지원과 관심으로부터

국민들은 소외되어 있는 상황에서 국민으로서 어떤 의무도 지지 않는

불법체류자의 자녀에게까지 지원하는 것이 역차별이라는 다문화 반대론자들의 주장은 얼핏 그럴듯해 보입니다.

불법체류자를 포함해 이주민 자녀에게는 의료와 교육 혜택을 주면서 한국 사회의 한부모가정이나 저소득층 가정의 아이에게 똑같이 지원하지 않는 것은 잘못된 일입니다. 그러나 문제는 이러한 혜택이 외국인 자녀에게 주어졌기 때문이 아닙니다. 한국 사회의 어려운 이들에게 주어지지 않는 것이 문제이지요. 이러한 복지 혜택은 이주민 자녀와 한국 사회의 약자 중 누구에게 주어져야 하는가 하는 선택의 문제가 아닙니다. 교육권, 건강권, 보육권 등은 기본적 권리로서 국가에서 보장해야 하고, 또한 최대한 지원해야 맞습니다. 한국 사회의 사회복지가 이러한 수준에 이르지 못한 것은 이에 대한 관심과 이해가 부족해서이지 다문화 지원 정책 때문이 아닙니다. 세계 상위권에 속하는 경제 규모를 가진 나라에서 돈이 없어 의료와 교육 혜택을 제대로 받지 못하는 국민이 있다는 것은 부끄러운 일입니다. 역차별 논란은 그러한 현실을 반영하고 있습니다.

우리 사회에서 복지는 '국가의 의무'라는 인식이 확산되고 있습니다. 복지가 발달한 유럽 국가들의 수준으로 올라서는 것이 목표가 되고 있지요. 유럽의 복지국가들은 내국인만이 아니라 자기 나라에 사는 외국인에게도 복지 혜택을 주고 있습니다. 이는 모든 인간이 안정적으로 기본적 삶을 살아갈 수 있도록 하려는 인도주의 정신에 따른 것입니다. 국민인가 아닌가를 따지는 것이 아니라 도움이 필요한지 아닌지

■ 오랫동안 내전을 겪고 있는 아프가니스탄의 두 아이들이 국제 인도주의 단체의 지원으로 받은 보급품을 품에 안고 있다. 인도주의는 인종이나 종교, 국적을 불문하고 모든 인간의 존엄성을 최우선으로 실현하려는 정신이다. 실제로는 사회적 약자나 곤궁한 처지에 있는 사람을 도우려는 행동으로 나타나기도 한다. 다문화에 따른 역차별 논란을 '누구에게 먼저'가 아니라 '누구에게 필요한가'라는 관점으로 접근해 보면 어떨까.

를 중시하는 인간 존중의 이념이지요. 외국인 역시 한국인과 똑같이 국가로부터 보장받는 기본권을 갖고 있다는 것이 헌법재판소에서 밝히는 헌법 정신입니다.[12] 더욱이 널리 인간을 이롭게 한다는 의미의 '홍익인간'을 역사적인 건국이념으로 내세우는 한국이 이러한 정신과 이념을 멀리해야 할 이유는 없습니다. 그 이념을 실현할 만한 경제적 기반도 갖추고 있고요.

보다 열악한 처지에 있는 사람들에게 먼저 복지 혜택이 돌아가는 것은 기울어진 시소의 균형을 맞추는 일과 비슷합니다. 당연히 내려앉은 편이 아니라 올라간 쪽에 힘을 주어야 하지 않을까요? 내국인들에게서 무언가를 빼앗아야 한다는 것이 아니라 힘(지원)의 방향이 그렇다는 것입니다. 낯선 곳에서 새로운 삶을 시작하는 외국인들은 여러 면에서 불리한 처지에 있습니다. 언어는 물론 사회관계에서도 내국인에 비해 불리하지요. 다문화가정은 대체로 경제적으로도 넉넉하지 못합니다. 불법체류자의 자녀들은 부모의 신분 때문에 더 열악한 처지에 있습니다. 누구보다 먼저 도움이 필요한 상태에 있는 것이지요. 국가가 한국인에 앞서 이들을 지원한다고 해서 이를 역차별이라 할 수는 없습니다. 이는 저소득층에게 의료 혜택을 주는 것을 두고 중산층이나 부유층에 대한 역차별이라고 하지 않는 것과 같습니다. 대학 입학에서 교육 기회가 상대적으로 적은 농어촌 지역 출신 학생에게 혜택을 주는 것을 불평등한 입시제도라 하지 않는 것과 같은 이치입니다.

외국인 자녀에 대한 복지 혜택이 국민 역차별이라는 논란은 사회적 약자의 처지를 다시 살펴보는 계기가 될 수 있습니다. 그들이 국가로부터 정당하게 보호받고 있지 못하다면 이를 빨리 개선해야 합니다. 하지만 그것이 다문화를 반대하는 이유가 될 수는 없습니다. 역차별로 보일 수 있는 일이 일어나고 있다면 국가 복지에서 소외된 이들에 대한 지원을 촉구해야지 외국인과 다문화가족을 상대로 분풀이를 해서는 안 됩니다. 역차별 논란은 한국 사회에 국가의 보살핌을 받아야 하는 사람들이 그 정당한 권리를 누리지 못하는 현실을 일깨워 줍니다. 이 논란이 의미가 있으려면 대한민국이 보다 발전된 복지사회로 나아가기 위해 우리 사회의 그늘진 곳을 좀 더 유심히 살피는 기회가 되도록 해야 할 것입니다.

멍멍~ 좋아요!
그럼 국민 복지도
다 같이 높여요!
동물 복지도요~

다문화가족
복지 지원으로
가난한 국민이
역차별 받고
있습니다!

외국인 범죄가 한국을 위협한다고?

'오원춘 사건', '박춘봉 사건' 등은 이름만 들어도 섬뜩해지는 살인 사건입니다. 여성을 살해하고 그 시신을 토막 내어 버린 엽기성으로 우리 사회를 전율하게 했습니다. 우리 사회에 '사이코패스'란 말을 널리 퍼지게 한 두 사건의 범인 오원춘, 박춘봉은 모두 조선족, 그러니까 중국에서 온 외국인(한국계 중국인)입니다. 얼마나 끔찍한 사건이었는지, 만일 저 두 사람이 한국에 오지 않았다면 이런 일이 우리나라에서 일어나지 않았을 것이라는 생각을 하게 합니다. 적지 않은 사람들이 보이는 이런 태도는 일면 자연스러운 반응이라 할 수 있습니다.

반다문화 주장은 이런 생각에 근거합니다. 외국인 범죄로 사회 불안이 증가한다는 것이지요. 외국인이 늘어나고 외국인이 밀집한 거주 지역이 형성되면서 범죄가 늘어나 내국인들의 안전이 위협받는다고 주장합니다. 정부 발표에 따르면, 외국인 범죄는 꾸준히 늘어 왔습니다. 2000년에 3천여 명에 불과했던 외국인 범죄자가 2014년에는 그 열 배로 늘어났지요.[13] 한국에서 범죄를 저지른 사람 가운데 약 1.6퍼센트가 외국인입니다. 외국인 범죄가 늘어난 만큼 이를 걱정하는 목소리가 나오는 것도 당연합니다. 하지만 외국인 범죄가 있다고 해서 이것이 외국인 모두를 싫어하고 그들이 한국에서 지낼 수 없도록 막을 수 있는 이유가 될까요?

외국인 범죄 때문에 외국인을 혐오하고 배척해야 한다면, 같은 이유로 한국인 스스로를 두 배는 더 미워해야 합니다. 인구 대비로 볼 때, 한국인 범죄율이 외국인 범죄율보다 두 배는 더 높으니까요. 한국인 범죄율이 외국인 범죄율보다 높다고 해서 한국인이 범죄를 더 좋아하는 사람들일까요? 아무도 그렇게 이야기하지 않지요. 우리가 한국인이어서가 아니라 논리에 맞지 않는 얘기이기 때문입니다. 범죄를 특정 민족이나 인종과 연관시키는 것은 타당하지 않습니다. 외국인과 내국인을 구별하는 것도 마찬가지입니다.

외국인 범죄를 이유로 다문화를 반대하는 사람들은 흔히 동남아시아인들의 범죄를 강조합니다. 그러나 외국인 범죄를 나라별로 살펴보면, 2000년까지는 미국이 가장 많았습니다. 외국인이 빠르게 증가한 이후로는 중국에 1위 자리를 내주고, 미국은 베트남과 2, 3위를 다투고 있지요. 그런데 미국인 범죄자를 이유로 미국인에 의한 다문화를 반대하는 목소리는 높지 않습니다. 검찰이 발표한 자료에 따르면, 동남아시아인을 미국인보다 특별히 더 위험하게 볼 근거는 없어요. 2016년에 일어난 살인, 강도, 절도, 폭력 등의 강력 범죄는 베트남인보다 미국인이 저지른 것이 더 많거든요. 범죄만을 이유로 동남아시아인 노동자나 다문화를 특별히 반대하는 것은 편견에 불과하다는 것이지요.

또 반다문화론자들은 불법체류자들의 범죄를 강조합니다. 한국에 있는 것 자체가 '불법'인 사람들이니 범죄를 더 많이 저지를 수 있다고 생각하는 것이겠지요. 하지만 이 또한 실상과는 다릅니다. 범죄를

저지른 외국인 중에는 불법체류자보다 합법체류자가 더 많아요. 불법
체류자들은 대체로 자신의 불법체류 사실이 드러날까 봐 바깥 활동을
피하고 가급적 문제를 일으키지 않으려 한다고 해요. 오히려 신분상
불리함 때문에 범죄 피해자가 될 가능성이 높다고 합니다.[14]

　한국 사회의 외국인 범죄에 대한 인식은 예민한 편입니다. 외국인
범죄에 대한 걱정을 실제 범죄 발생에 비해 더 크게 하는 것이지요. 다
문화를 반대하는 사람들이 외국인 범죄를 강조하는 것은 이런 인식이
반영된 것이기도 합니다. 그리고 외국인 범
죄에 대한 민감함에 호소하며 반
다문화를 주장하
기도 하지요.

또한 외국인 범죄를 예민하게 받아들이게 된 데에는 언론의 영향도 큽니다. 외국인 범죄가 일어나면 한국의 언론은 이를 앞다투어 보도합니다. 외국인이라는 낯선 존재가 일으킨 범죄이니 뉴스거리가 되기는 하겠지만, 과도하게 보도하는 경향이 있습니다. 범죄 사건과 보도 횟수를 비교한 연구를 보면, 내국인 범죄보다 외국인 범죄 보도가 아홉 배 가까이 더 많은 편입니다.[15] 보도할 때에도 '외국인 또 흉기 난투극' 하는 식의 자극적인 제목으로 외국인 범죄를 강조하기도 합니다. '또'라는 표현은 외국인 범죄가 자주 되풀이된다는 느낌을 주기도 하지요.

그러나 외국인 범죄를 이유로 다문화를 반대하려면 외국인에 의한 범죄가 있다는 것만으로는 부족하지 않을까요? 범죄를 이유로 외국인 증가를 반대하고 다문화를 배격하려면 외국인 대부분이 범죄를 일으킬 가능성이 있음을 입증해야 합니다. 한국에 오는 외국인이 잠재적 범죄자임을 증명해야 하는 것이지요. 지금까지 살펴본 내용으로는 그런 입증은 불가능합니다. 전부는 아니어도 그들 상당수가 범죄를 저지를 가능성이 높다는 증거는 없으니까요. 따라서 외국인 범죄를 이유로 외국인 모두를 잠재적 범죄자로 취급하고, 이를 근거로 다문화를 반대하는 것은 옳지 않습니다.

그럼에도 외국인을 잠재적 범죄자로 보는 사람들은 외국인에 의한 테러 가능성까지 주장하기도 합니다. 다문화를 허용함으로써 한국에 무슬림, 즉 이슬람교 신자들이 많이 들어와 세력을 형성하게 되면 분리 독립을 주장하게 되고, 이를 이루기 위해 자살 폭탄 테러나 폭동을 일으킬 것이라는 주장이지요.[16] '무슬림=분리 독립주의자=테러리스트'라는 등식이 세워지는 것인데, 이는 다문화로 인해 국가 안보가 위태롭게 된다는 생각으로 이어집니다. 이런 생각은 몇 가지 사례를 근거로 특정 인종이나 민족 전체를 게으르고 미개하다고 말하는 것과 다르지 않습니다. 미국의 백인우월주의자들이 흑인을, 식민지 지배 때 일제 관리들이 한민족을 이런 방식으로 비하했습니다. 흑인과 한민족 중에 게으른 사람이 있다는 것이 흑인과 한민족 모두를 그렇게 평가하는 근거가 될 수 없는 것처럼, 이슬람교도 중에 테러리스트가 있다는 사실만으로 무슬림 모두를 테러리스트로 단정하는 것 역시 설득력이 없습니다. 미국의 총기 난사 사건의 범인이 한국계였다고 해서 한국이 미국에 사죄를 해야 한다는 생각만큼이나 터무니없지 않나요?

외국인 범죄를 걱정하는 것은 맞지만, 이에 너무 과민하거나 편견을 갖는 것은 옳지 않습니다. 이를 근거로 다문화를 반대하는 것이 올바른 태도는 아니라는 말이지요. 역설적으로 말하면 외국인 범죄 역시 다문화에 의한 사회 현상의 하나라고 할 수 있습니다. 사람들이 사회를 이루며 살던 때부터 범죄는 늘 있어 왔습니다. 외국인 범죄는 다문화를 중요한 사회적 의제로 논의해야 할 만큼 외국인이 증가한 현실을 반영합니다. 물론 외국인 범죄가 있다는 것이 결코 좋은 일은 아닙니다. 단지 그것을 이유로 다문화를 반대할 수 없다는 것이지요. 다문화 국가는 외국인 범죄가 완벽하게 제거된 다음에 이뤄지는 것도 아니지

■ 이슬람 국가 혹은 이슬람교도에 대한 혐오를 '이슬람포비아' 또는 '이슬람 혐오증'이라고 부른다. 최근 들어 유럽 사회에서 이슬람 극단주의자들에 의한 테러가 빈번히 발생하면서 유럽 여러 나라에서 반(反)이슬람을 표방하는 단체가 늘고 있다. 사진은 반(反)이슬람을 표방하는 독일의 극우단체 페기다(PEGIDA, 서방 세계의 이슬람화를 반대하는 애국 유럽인의 약자)의 시위 현장 모습이다. 페기다의 설립자 루츠 바흐만은 난민을 쓰레기에 비유하는 등 인종차별 발언을 서슴지 않아 독일의 드레스덴 법정에서 유죄 판결을 받기도 했다. 페기다의 반(反)이슬람 시위는 과격하고 극단적이라는 이유로 오히려 이슬람 극단주의자들에게 정당성을 부여한다는 우려를 낳고 있다. 때문에 페기다의 반(反)이슬람 시위에는 반(反)페기다 시위가 동시에 벌어지기도 한다.

만, 다문화를 긍정한다고 해서 외국인 범죄마저 긍정해야 하는 것도 아닙니다.

다문화 국가라고 해서 외국인 범죄를 용납해도 된다는 것은 절대 아닙니다. 범죄는 외국인에 의한 것이든 한국인에 의한 것이든 당연히 예방하고 단속되어야 합니다. 남을 해치거나 재산을 빼앗는 범죄는 엄하게 처벌해야 합니다. 하지만 범죄를 엄격하게 다루는 것과 그 때문에 외국인을 배척하고 다문화를 반대하는 것은 전혀 다른 일입니다. 외국인 범죄는 범죄로서 대응해야 할 치안 문제이지 외국인이 한국에 입국하는 것이나 생활 자체를 통제해야 하는 문제가 아닙니다. 외국인이 범죄를 저지르거나 빠져들 수 있는 조건과 가능성을 점검하여 예방하고, 외국인이 많이 모여 사는 지역이 우범지대가 되지 않도록 하는 대책이 필요한 문제 아닐까요?

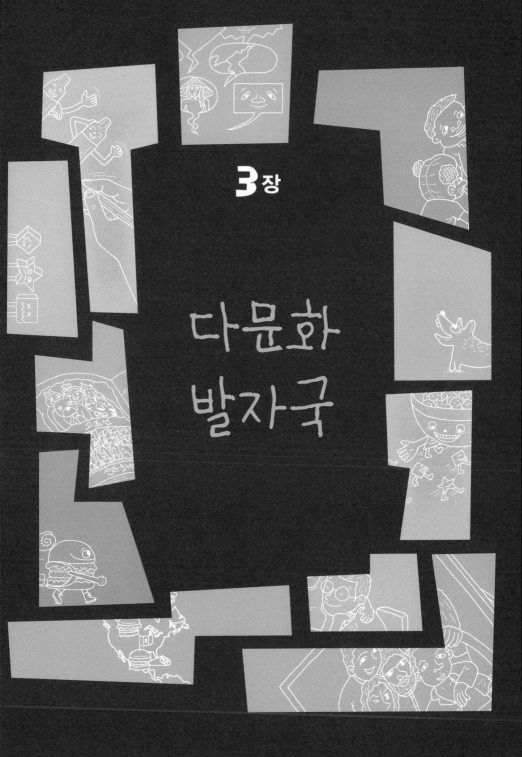

3장

다문화
발자국

1

우리 역사 속
다문화

다문화가 지금의 한국 사회에서
중요하게 논의되고 있지만, 그것이 최근에 일어난 일은 아닙니다. 다
문화가 지금 우리 시대에만 일어나는 일시적인 현상이 아니라는 얘기

이지요. 과거에는 이 같은 현상을 지금 널리 사용하는 '다문화'라고 부르지 않았을 뿐입니다.

'우리는 모두 한민족이다.' 많이 들어 본 말이지요? '한민족'이라는 것은 한국인들이 공통적으로 갖고 있는 민족의식입니다. 한민족이라는 의식이 형성된 시기에 대해서는 여러 학설이 있지만, 대체로 고려 건국 이후로 봅니다. 한반도에 살던 사람들이 중국이나 일본 등 다른 민족들과 구분되는 단일한 민족의식을 형성하기 시작한 것이 그 무렵이라는 것이지요. 앞으로 살펴보겠지만, 우리 역사에서 한민족 의식이 형성되기 이전에도 그렇고, 그 이후에도 다른 민족과의 교류는 끊긴 적이 없었습니다. 수많은 사람들이 오고 갔고, 많은 문물이 들어오고 나갔습니다.

한반도뿐만 아니라 세계 모든 지역의 민족과 나라가 이러한 교류

■ 한국인은 5천 년 동안 단군의 자손으로 이루어진 단일민족 국가라고 배워 왔다. 하지만 다문화 시대에 접어든 한국 사회에서 단일민족이라는 의식은 오히려 사회 통합을 가로막는 낡은 의식으로 작용하고 있다. 사진은 한민족의 발상지이자 개국의 터전으로 숭배되어 온 백두산 천지.

를 통해 변화해 왔습니다. 서로 다른 민족과 문화가 만나는 일은 다문화라는 사회 현상을 낳습니다. 한민족이 형성되기까지 각각의 역사 과정도 다문화이지만, 형성 이후에도 다문화는 계속되어 왔습니다. 우리역사에는 이와 관련된 기록들이 다양하게 남아 있습니다. 우리 역사에기록되어 있는 다문화를 살펴볼까요?

곰과 호랑이가 살던 고대국가의 다문화

한반도에서 고대국가의 등장과 발전 과정은 주변은 물론 멀리 있는 다른 국가, 다른 문화권과의 교류를 통해 이뤄진 것입니다. 이는 역사 교과서에서 공통적으로 밝히고 있는 내용입니다. 지금처럼 교통과 통신이 발달하지 않은 조건에서도 인적, 물적 교류가 꾸준히 이뤄져 왔고, 이것이 국가와 문화 발전에 크게 기여했다는 것이지요. 인도의 종교인 불교가 들어와 삼국의 지배층은 물론 나라 전체의 의식과 일상생활에 큰 변화를 일으킨 것이 대표적 사례입니다. 어느 국가도 외부와 벽을 쌓고 홀로 발전한 경우는 없어요.

사람이 되기를 원했던 곰과 호랑이 중 곰만이 성공해 하늘의 아들인 환웅과 혼인했다는 이야기는 모두 알지요? 한민족의 선조가 처음 세운 국가, 고조선의 건국신화입니다. 고조선을 세운 국조(國祖) 단군이어떻게 태어났는지를 전하고 있지요. 이 신화는 곰을 숭배하는 부족과

■ 기원전 6세기경 인도에서 시작된 불교는 동남아시아를 비롯하여 중국과 한국, 일본 등 아시아의 여러 나라에 전파되어 예술과 건축은 물론 일상생활에까지 많은 영향을 끼쳤다. 특히 한국의 불교는 삼국시대에 전래되어 나라를 지키는 호국사상으로까지 발전하였다. 이는 외래 종교가 국가 종교로까지 자리매김한 것이라 볼 수 있다. 대표적으로는 몽골의 침입을 물리치기 위해 고려 때 만든 국보 제32호 〈팔만대장경〉이 있다. 8만 4천 개의 불교 경전을 목판에 새긴 팔만대장경은 합천 해인사에 보관되어 있다.

환웅을 떠받드는 부족의 결합으로 해석되기도 합니다. 하늘에서 왔다는 환웅은 외부에서 온 이주 세력일 가능성이 큽니다. 곰과 호랑이를 숭배하는 부족은 원래 그 지역에 살던 부족이었겠지만, 통합되는 과정에 호랑이를 숭배하는 부족은 함께하지 않은 것이지요. 이 신화는 서로 다른 부족이 결합하여 나라가 세워진 것을 상징적으로 보여 주고 있습니다. 이렇게 시작된 고조선 역사에는 '위만조선'이 있습니다. 여기서 위만은 중국의 연나라 사람, 즉 중국인을 말합니다. 위만조선은 중국의 유민들이 고조선에 들어와 토착세력과 연합한 것으로 이해되고 있습니다. 모두 고조선 역사의 다문화적 특성을 보여 주는 사례입니다.

많은 한국인들은 고대국가인 고구려를 자랑스럽게 여깁니다. 그 이유는 고구려가 한반도를 넘어 만주에 이르는 대제국을 형성했기 때문인데요. 거대한 영토를 지배하면서 고구려의 전성기를 이끈 정복왕 광개토대왕은 한국인들이 꽤 좋아하는 인물입니다. 역사 드라마나 위인전에도 자주 등장하지요. 그런데 정복국가로서 고구려가 대제국을 형성했다는 의미는 무엇일까요? 고구려가 다양한 문화를 가진 서로 다른 민족들을 국가 구성원으로 하고 있었다는 뜻입니다. 고구려가 한 민족이 지배하는 국가라 해도 여러 민족이 속해 있는 다민족, 다문화 국가였던 것이지요. 5세기 중엽에는 중국에 있던 북연이라는 나라가 멸망하면서 그곳에 살던 많은 사람들이 고구려로 넘어왔습니다. 이때 고구려로 이주해 오는 사람들의 행렬이 80리에 이르렀다고 합니다. 장수왕 때의 일인데요.(《삼국사기》, 장수왕 24년) 규모에 역사적 과장이 있다 하더라도 고구려가 여러 다른 민족을 포괄하고 있었음을 짐작하게 합니다.

이러한 다문화적 특성은 고구려만이 아니라 백제와 신라의 역사에서도 나타납니다. 백제의 시조는 고구려를 세운 주몽의 아들, 온조로 알려져 있지요? 그는 고구려에서 자신의 무리를 이끌고 남쪽으로 내려옵니다. 온조가 나라를 세운 한강 지역에는 이전부터 마한이라 불린 작은 나라들이 있었습니다. 그래서 역사학자들은 북방계 세력인 백제가 토착세력인 마한을 흡수하면서 형성된 것으로 보고 있습니다. 신라 역시 여러 부족들이 연합하면서 형성된 나라인데요. 특히 네 번째 왕이었던 석탈해는 바다를 건너온 이민족 출신이었습니다. 신라에서 가장 많이 왕을 배출한 경주 김씨의 시조인 김알지는 흉노족의 후손으로 알려져 있지요. 이들은 혼자가 아니라 대개 따르는 무리를 이끌고 이동했습니다. 개인이라기보다 거대한 집단의 이동이었지요.

이처럼 한반도의 고대사에 등장하는 모든 나라는 다른 나라와의 다양한 교류 속에서 형성되고 발전해 왔습니다. 건국과 국가 발전 과정이 다른 나라, 다른 문화의 사람들과 섞이고 어울리면서 이루어진 것이지요. 이는 한민족의 나라, 한민족의 역사가 세워지는 과정이었으며, 다문화가 우리 역사에서 지속적으로 일어난 현상이었음을 알게 합니다.

고대국가들의 다문화적 특성은 여러 형태의 이야기로 전해져 오기도 합니다. 그중 널리 알려진 것이 가락국의 수로왕과 허황옥의 혼인 이야기입니다. 가야를 구성하던 여러 나라 가운데 하나였던 가락국은 김해 지역에 있던 나라로, 김수로왕이 세웠다고 하는데요. 오랫동안 배필을 찾던 수로왕이 바다를 건너온 허황옥과 혼인하는 과정이 신비롭게 전해지고 있습니다.

> 저는 아유타국(阿踰陁國)의 공주입니다. 성은 허(許)이고 이름은 황옥(黃玉)이며, 나이는 16세입니다. …… 상제께서 말씀하시기를, '가락국의 시조 수로를 하늘이 내려 보내어 왕위에 앉게 했으니, 신령스럽고 거룩한 이는 오직 그 사람이 있을 뿐이다. 그런데 나라를 다스리고 있지만 아직까지 배필을 정하지 못하였다. 경들은 모름지기 공주를 보내 그의 배필이 되게 하라.' …… 그래서 저는 증조(蒸棗, 신선이 먹는 대추)가 있는 저 바다 끝까지, 반도(蟠桃, 신선이 먹는 복숭아)가 있는 저 하늘 끝까지 당신을 찾아다녔습니다.

16세 소녀 허황옥이 하늘의 말씀에 따라 수로왕을 찾아왔다는,《삼국유사》〈가락국기〉에 실린 내용입니다. 이 기록대로라면 두 사람의 혼인은 고대의 국제결혼이라 볼 수 있습니다. 여기에는 허황옥이 자신을 아유타국의 공주라 밝혔다고 기록되어 있습니다. 아유타국이 어디인지에 대해서는 여러 견해가 있습니다만 그중 인도 갠지스강 유역의 아요디아 왕국이었다는 설이 대표적입니다. 아요디아에서 살던 조상이 가야에 이주해 온 것이라는 견해이지요. 또는 인도가 아닌 발해 근처에 살던 조상이 이주한 것으로 보는 주장도 있고요.[1] 어느 경우든 가

야의 왕이 외국인이거나 외국 이주민의 후손인 여성과 결혼해 다문화
가정을 이룬 것이라 볼 수 있습니다.

또 다른 이야기도 있습니다. 바보하면 떠올리게 되는 '바보 온달
과 평강공주' 얘기를 잘 알 거예요. 그런데 온달(溫達)이 바보가 아니었
다는 주장이 있어요. 바보가 아닌데 왜 놀림을 받았을까요? 온달이 다
문화가정의 자녀였기 때문이라고 하네요. 이 주장에 따르면, 온달은 '강
국(康國)'이라 불리던 사마르칸트의 왕족입니다. 지금의 우즈베키스탄
에 속해 있는 사마르칸트 강국의 왕이 온(溫) 씨였다는 역사 기록을 근
거로 하고 있습니다. 사마르칸트와 고구려 사이에 교류가 있었는데,
매우 용맹했던 사마르칸트 사람들은 장사를 하려고 여러 나라로 여행
을 많이 했다고 합니다. 이때 고구려에 온 사마르칸트 왕족의 후손과
고구려 여인이 만나 그 사이에서 온달이 태어났다는 것이지요.[2] 사실
《삼국사기》를 보면 온달이 정말 바보였는지는 나타나 있지 않아요.

> 온달은 …… 얼굴 생김이 울퉁불퉁 우스꽝스러운 모습이었지만 마음씨
> 는 바르고 고왔다. 집이 몹시 가난해 항상 밥을 구걸해 어머니를 모셨다.
> 해진 옷과 떨어진 신발을 신고 다니니, 그때의 사람들이 그를 '바보 온달'
> 이라고 불렀다.[3]

이 기록을 보면, 온달은 행색이 초라하고 외모가 남달라 바보 놀림
을 받았습니다. 동화가 연상시키듯 지능이 낮은 바보로 볼 수 있는 설명

은 없어요. 바보가 아닌데도 놀림을 받은 것은 온달이 다문화가정의 자녀였기 때문일지도 몰라요. 그것도 외모가 여느 사람들과 달라 눈에 띄는 사람이었기 때문이라면, 지금의 다문화가정 자녀들이 겪는 놀림이나 따돌림을 그도 똑같이 겪은 것으로도 볼 수 있습니다. 물론 이는 한 역사학자의 주장입니다. 중요한 것은 이런 주장을 가능하게 할 만큼 고구려가 다양한 나라의 민족들과 교류해 왔다는 것이지요. 이렇듯 고대국가에서도 다문화의 흔적을 엿볼 수 있어요.

■ 우리가 아는 바보 온달은 평강공주의 도움으로 무예를 익혀 고구려의 위대한 장군이 되었다. 광진구와 구리시에 걸친 아차산은 온달과 평강공주의 사랑이 얽힌 곳으로 유명하다. 사진은 아차산 입구에 세워진 온달과 평강공주의 동상.

다문화 군대로 나라를 지킨 통일신라

이제 통일신라 이야기를 해 볼까 합니다. 삼국시대의 신라는 676년에 중국의 당(唐)과 연합해 고구려와 백제를 멸망시키고 삼국을 통일했습니다. 하지만 신라와 연합한 당나라는 한반도 전체를 자신의 지배 아래 두고자 했습니다. 신라가 당나라의 지배를 꺾고 한반도의 실질적 주인이 되기 위해 당나라와 벌인 전쟁이 바로 나당 전쟁(670~676년)인데요. 한창 성장세에 있는 강대국을 상대해야 하는 힘겨운 전쟁이었지만, 신라로서는 피할 수 없었습니다. 당나라를 물리쳐야만 한반도의 진짜 주인이 될 수 있었으니까요. 신라는 차근차근 전쟁 준비를 했습니다.

당나라를 공격하기 위해 신라의 군대가 대동강을 건너면서 전쟁이 시작되었어요. 저 멀리 행진하는 신라군이 보입니다. 갑옷을 갖추고 말을 탄 지휘관들이 보이고, 그 뒤를 질서정연하게 따르는 병사들의 모습이 엄숙하네요. 하늘을 찌를 듯 긴 장창을 든 부대도 보입니다. 이들은 당나라의 기병을 상대하기 위해 신라가 새로이 창설한 '장창당'이라는 부대입니다. 장창을 땅에 비스듬하게 박아 기병의 돌진을 막고 아군의 진용(陣容)을 유지하기 위한 것이지요.

그런데 행진하는 각 부대의 옷깃 색깔이 서로 다르네요. 녹색과 흰색도 있고, 노란색과 검은색도 보입니다. 이들은 신라의 정예군 '9서당'으로 옷깃의 색깔로 각 부대를 구별하였습니다. 녹색은 신라인으로

1 우리 역사 속 다문화 97

구성된 녹금서당 부대이고, 흰색은 백제, 노란색은 고구려 출신으로 구성된 부대입니다. 또 검은색 옷깃의 흑금서당 부대는 말갈족으로 구성되어 있습니다. 신라인만으로 구성되었던 부대가 통일 이후 확대된 것이 9서당입니다.[4]

9서당은 서로 다른 나라와 민족 출신으로 구성된 군대입니다. 요즘 말로 하면 다문화, 다민족 군대라고 할 수 있지요. 중대한 전쟁을 앞두고 이런 다문화 군대가 구성된 것은 통일신라가 다문화 국가였기 때문입니다. 통일신라는 고구려와 백제를 멸망시키고 그 영토와 백성을 자신의 것으로 흡수했습니다. 세 나라가 하나로 통일되었지만, 500년 넘게 서로 다른 문화적 특성을 갖고 대립해 왔던 역사가 하루아침에 사라질 수는 없겠지요. 세 나라 사람들은 서로 땅을 빼앗고 빼앗기는 숱한 전쟁을 겪은 원수이기도 했으니까요. 그러한 과정 속에 형성된 통일신라가 다문화 국가인 것은 당연한 일입니다. 새로운 국가 특성이 군대에 반영되어 다문화 군대, 9서당을 이룬 것이지요.

통일신라가 한민족의 통일국가로 발전해 왔다 해도 다문화 국가로 출발했다는 것은 부정할 수 없습니다. 한반도의 주인이 되면서 이러한 다문화 특성은 더욱 활발하게 나타납니다. 더 멀리 떨어진 곳의 사람들과 깊이 교류하면서 수준 높은 문화를 이룩했으니까요.

고려가요의 하나인 〈처용가〉로 유명한 처용은 중국의 서쪽에서 온 서역인(西域人)입니다. 페르시아 출신으로 추정하고 있는데요. 처용이 우리 역사에 등장하는 9세기에는 이미 신라와 서역 사이에 교류가

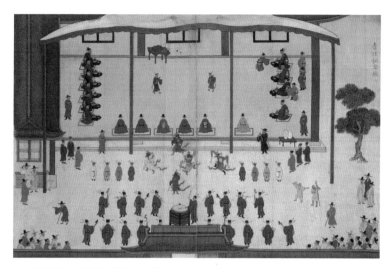

■ 신라 때부터 시작된 처용무는 처용의 가면을 쓴 다섯 명이 동서남북과 중앙의 다섯 방향을 상징하는 옷을 입고 화려하고 현란한 춤사위를 펼치는 춤이다. 조선 성종 때부터 궁중무용으로 자리 잡아 연회 등 궁중 행사에 올려졌다. 숙종 45년(1719년)의 기로연을 그린 화첩 〈기사계첩〉 가운데에는 처용무가 등장한다.

많았고, 많은 서역인들이 신라에서 활동하기도 했습니다. 이 시기에 아랍의 지리학자 이븐 쿠르다지바가 쓴 《왕국과 도로 총람》에는 신라에 대한 기록이 있습니다.

중국의 끝 맞은편에 신라가 있다. 신라는 산이 많고 여러 왕들이 지배하고 있다. 신라는 금이 많이 나며 기후와 환경이 좋아서 많은 이슬람교도가 신라에 정착했다.[5]

이 기록에 따르면 중동 지역의 이슬람교도가 한반도에 살아온 역

■ 신라 원성왕의 무덤으로 알려진 괘릉에는 동양인과 다른 서양인 모습의 석상이 있다. 부리부리한 눈에 매부리코, 날카로운 턱은 당시 신라와 활발하게 교류한 페르시아인을 떠오르게 한다.

사가 매우 오래됐음을 알 수 있습니다. 불교 국가인 신라에서 말이지요. 이렇게 일찍부터 중동 지역 사람들이 이주해 와 신라인들과 함께 살았던 영향과 흔적은 문화유적으로도 남아 있습니다. 경주의 괘릉에는 무덤을 지키는 조각상이 한 쌍 있습니다. 이 조각상에 등장하는 인물은 수염이 덥수룩하고 매부리코를 한 것이 페르시아인을 모델로 한 것이라 합니다. 왕릉을 지키는 조각상에 서역인이 등장할 만큼 이들이 신라인의 생활 속에 깊이 자리하고 있던 것이지요. 이들은 정부의 관리로도 활동했던 것으로 추정하는데, 이들도 시비가 생기면 신라인으로부터 "너희 나라로 돌아가!"라는 소리를 들었을까요?

건축과 금속공예 등 통일신라의 문화예술은 삼국시대의 그것보다 훨씬 세련되었다고 평가받고 있습니다. 중국 등지에서 공부하고 돌아온 유학생과 승려들의 노력으로 불교 철학과 유학이 발전하였지요. 통일신라가 통일 이전에 비해 더욱 수준 높은 문화를 이룬 것은 다문화 특성을 잘 살렸기 때문입니다. 고구려와 백제의 문화를 수용하고, 중국 등 외국의 문화를 받아들이려 노력한 결과이지요. 정복한 나라의 것이라고 해서, 전쟁을 치른 적국의 문화라고 배척하고 멸시했다면 불가능한 일이었을 것입니다.

한때 전쟁까지 벌인 당나라와도 활발히 교류하면서 신라인의 중국 활동은 늘어났습니다. 상인이나 관리들도 많았지만, 선진 학문과 기술, 사상을 공부하기 위해 당으로 이주해 간 승려와 유학생도 많았어요. 자연스럽게 신라인들이 모여 사는 신라인의 거주지가 당나라의 여러 지역에 생겼습니다. 바로 '신라방(新羅坊)'인데요. 신라방은 신라인들의 자치구역으로 인정받았지요. 신라인들은 스스로 신라소(新羅所)라는 자치기관을 두기도 했고, 신라원(新羅院)이라는 절을 세우기도 했어요. 신라방은 신라인들이 외국의 문물을 접하고 익히는 곳이었으며, 신라의 문화가 외국 땅에 스며드는 다문화 공간이었던 셈입니다.

고려에 가게를 연 이슬람 상인 '회회아비'

고려가 세워진 후 8년 뒤인 926년에는 거란족의 침입으로 발해가 멸망했습니다. 고구려를 계승한 국가임을 내세운 고려는 그래서인지 발해 유민들을 우호적으로 대했습니다. 발해는 고구려인이었던 대조영이 세운 나라였으니 당연했겠지요. 발해 멸망을 전후해서 많은 발해인들이 고려로 넘어왔고, 고려는 이들을 환대하였습니다.

> 발해국 세자인 대광현(大光顯)이 수만의 무리를 거느리고 투항해 왔다. 이에 '왕계(王繼)'라는 이름을 하사하고, 종실의 족보에 올렸다. 또 특별히 원보(元甫)의 벼슬을 주어 백주(白州)를 지키면서 집안 제사를 지내도록 했다. 그를 돕던 신하들에게도 벼슬을 주고, 군사들에게도 토지와 집을 차등 있게 내려주었다.

고려를 세운 태조 왕건이 집권한 지 17년이 되던 934년의《고려사》기록입니다. 고려는 나라가 망한 뒤 이리저리 떠돌던 발해 유민들이 찾아오자 그 지도자를 고려의 왕족으로 대우하고 따라온 이들에게 집과 땅을 주었습니다. 태조 때에는 발해 멸망에 앞서 말갈족 고자라(高子羅)가 170여 명을, 아어간(阿於閒)이 200여 명을 데리고 왔고(921년), 장군 신덕(申德) 등 500여 명이 투항해 오기도 했습니다(925년). 발해 유민의 귀순은 그 후에도 이어지는데, 경종 4년(979년)에도 발해인 수만 명이 투항해 왔다는 기록이 있습니다.

고려가 발해인들의 귀순을 환영한 것은 고구려를 계승한다는 생각 때문일 수도 있고, 후백제와 대립하던 때에 정치적 및 군사적 필요 때문일 수도 있습니다. 여기서 눈여겨볼 것은 고려 역시 초기부터 다문화 특성을 갖고 있었다는 점입니다. 200년 넘게 발전해 온 발해의 문화는 신라에서 이어진 고려와 같지 않았고, 발해 유민에는 고구려 지배층의 후손도 있었지만 말갈족 사람들도 있었습니다. 발해 유민이 고려에 왔다는 것은 고려인들이 다른 민족 또는 다른 문화적 특성을 가진 사람들과 함께 살았음을 의미합니다.

발해가 멸망한 후 고려와 거란 사이에는 여러 차례 전쟁이 일어났습니다. 그 과정에서 많은 거란인들이 포로로 잡히거나 투항했지요. 고려는 이들을 여러 마을에 분산시켜 살게 했는데, 이들이 집단으로 모여 살던 곳을 '거란장(契丹場)'이라 불렀습니다. 발해 유민처럼 환대받지는 못했지만, 이들 역시 외국인으로서 고려인이 된 것이지요.[6] 발해와 거란 사람들의 존재는 모두 고려에 나타난 다문화라 할 수 있습니다.

　귀화(歸化)란 다른 나라의 국적을 얻어 그 나라의 국민이 되는 것을 말합니다. 고려시대 이래로 외국인들이 다양한 형태로 귀화하는 것을 향화(向化)라고 했고, 이는 조선시대에도 있었습니다.[7] 고려시대에는 여진, 거란, 일본 등 모두 약 23만 명의 귀화인이 있었다고 합니다.[8] 인구가 약 200~300만 명 수준이었던 시대의 일입니다.

　고려시대 향화의 대표적인 인물로는 중국 후주 출신의 쌍기(雙冀)가 있습니다. 과거제도를 고려에 도입한 사람으로 지금의 학생들에게는 이 땅에 시험제도를 도입한 사람이라는 원망(?)을 듣기도 하지요. 고려의 요직에 오를 만큼 능력 있는 인물이었겠지만, 외국인을 등용하는 고려 정부의 다문화적 포용성에 주목해야 합니다.

　또 하나 살펴볼 사람으로 장순룡(張舜龍)이 있습니다. 고려에는 대식국(大食國)으로 불린 사라센제국의 무슬림들이 많이 활동했는데요. 예성강 하구의 벽란도는 이들이 고려에 들어오는 관문이었지요. 이들 무슬림들은 고려에 정착하여 자신들의 종교적 특성을 유지하고 살았는데, 수도 개성에는 '예궁'이라 불린 이슬람 사원이 있었다고 합니다. 무슬림 중에는 고려 여성과 결혼해 고려인으로서 살아간 사람들이 있었는데, 장순룡은 그중 한 사람입니다. 고려 충렬왕의 왕비였던 원(元)의 공주를 시종해 온 그는 고려에 정착했고, 고려 정부는 그에게 높은 벼슬을 주었습니다. 그는 '셍게'라는 원래 이름 대신 새로운 이름을 갖게 됐고, 고려 여성과 결혼해 가족을 이루어 덕수 장씨의 시조가 되었

지요.[9]

> 만두집에 만두 사러 갔더니만
> 회회아비가 내 손목을 쥐더이다.
> 이 소문이 가게 밖에 나돌면
> 조그마한 새끼 광대 네 말이라 하리라.

고려 충렬왕 때 불린 노래인 '쌍화점(雙花店)'의 첫 대목입니다. '쌍화'는 만두라고 합니다. 여기 등장하는 '회회아비'는 몽골인이라는 해석도 있으나, 무슬림이라는 설명이 많습니다. 조금 '야한' 노래로 알려져 있는 '쌍화점'이지만, 주목할 점은 노래에 등장할 만큼 고려인들의 일상에서 무슬림이 자연스러운 존재였다는 것입니다.

이러한 기록들을 보면 고려시대에는 지금보다 더 많은 무슬림들이 우리 조상들과 함께 생활했다는 생각이 듭니다. 활발한 국제교류에 따라 고려는 다문화 국가의 면모를 보였고, 수도 개성은 지금의 서울 못지않은 국제도시의 위상을 지니고 있었습니다. 서로 다른 이질적인 문화들이 자연스럽게 섞여 있는 다문화 도시였던 것이지요.

조선에 귀화한 외국인들의 마을 '향화촌'

조선을 건국한 태조 이성계는 한반도의 동북, 즉 함경 지역을 기반으로 세력을 형성하고 있었습니다. 《태조실록》은 이곳을 '나라의 기초를 처음으로 일으킨 땅'이라고 기록하고 있습니다.[10] 이 지역에는 여진족이 많이 살고 있었는데, 이성계는 이들에게 큰 영향력을 행사하며 이들을 자신의 세력 기반으로 삼아 중앙정치에 진출하였습니다. 그는 조선을 세운 뒤에도 함경 지역을 중요시하여 조선인과 혼인을 시키고, 세금을 납부하게 하는 등 여진족을 조선 백성으로 편입시키기 위해 노력했습니다. 이 지역의 여진족이 조선의 북쪽을 지키는 역할을 하였기 때문에 이들에게 관직을 주기도 했습니다. 이런 정책은 이 지역의 영유권을 둘러싼 명과의 대립에서 조선 측의 근거가 되기도 했지요. 조선 백성이 살고 있는 조선의 땅이라는 주장을 가능하게 하는 것이었기 때문입니다.[11] 조선 초기 인구의 25~35퍼센트가 여진족이었다는 연구도 있는데, 이 지역 여진족과의 관계를 중요시한 정책의 결과로 보입니다.[12] 지금의 외국인 주민 비율이 3퍼센트가 조금 넘는 것을 생각하면 꽤 높은 비중입니다.

고려시대에 비해 조선의 역사 기록에는 향화에 대한 기록이 더 많습니다. 이들이 모여 사는 마을을 향화촌(向化村)이라 불렀는데, 지금의 옌볜거리나 다문화특구 같은 성격을 갖는 곳이었겠지요. 조선에 향화하는 사람들 중에는 북쪽의 여진족은 물론 남쪽의 왜인들도 많았습니다. 대체로 원래 살던 곳에서 먹고살기가 어려웠기 때문이었지요. 세종 때 경상 감사가 보고한 내용입니다.

> "우리 섬은 논밭은 적은데 세금이 너무 무거워 생계가 매우 어렵습니다. 조선에서 어진 정치를 시행한다는 말을 듣고, 임금님의 덕을 우러러 사모하여 귀화해서 직업을 얻어 편안히 살고자 합니다"라고 하면서 대마도의 왜인 변삼보라(邊三甫羅)와 만시라(萬時羅)가 가족 24명을 거느리고 바다를 건너왔다. 이에 노인과 어린이, 부인들에게 양식을 주어 편안히 머물게 하고, 장정은 서울로 올려 보내게 하였다.[13]

본국에서 생계가 곤란해진 사람들이 좀 더 잘 살아보려고 조선으로 향화한 것입니다. 이는 조선 정부가 향화인을 배려하고 생활 안정을 지원하는 정책을 폈기 때문인데요. 조선은 이들 향화인에게 생활을 위한 기본적인 물품을 제공하고 생활이 어느 정도 안정될 때까지 세금을 면제해 주기도 했습니다. 또 교육을 통해 조선의 풍속과 문화를 익히도록 했습니다. 조선의 백성, 조선인으로 받아들인 것이지요. 나아가 향화인이 죄를 지어도 관대하게 처벌하였는데, 이는 향화를 권장하기 위해서라고 합니다.

경제적인 이유만이 아니라 정치적인 향화도 있었습니다. 중국에서 정권이 명(明)에서 청(淸)으로 바뀌는 시기에는 조선으로 도망쳐 오는 중국인들이 많았습니다. 이민족의 통치를 받게 된 한족들이 조선으로 망명한 것이었지요. 병자호란 때 청나라에 인질로 끌려갔던 봉림대군, 즉 효종이 귀국할 때는 명나라의 학사들이 함께 왔습니다. '8학사'라 하는데 이들은 효종의 북벌계획에 참여했다가, 효종이 죽자 조선에 귀화했습니다. 조선은 중국을 떠받들어야 한다는 사대주의를 바탕으로 이들의 향화를 특별히 환대했는데요. 이들을 향화인이 아니라 황조인(皇朝人) 또는 상국인(上國人)으로 부르며 여진이나 왜에서 향화한 사람들에 비해 특별히 대우했지요. 이들이 사는 마을은 황조인촌(皇朝人村)이라 하고 별도의 기록을 만들어 관리하였고, 이들은 물론 후손에게도 세금과 병역 등을 면제해 주었다고 합니다.[14]

향화인 중에는 '표류인'도 있었습니다. 사고를 당하여 바다에서 표류하다 조선에 들어오게 된 사람들입니다. 이들 중 중국인들은 되돌려보냈으나, 일본이나 오키나와에서 온 사람들은 돌아가는 길이 위험하다고 하면서 돌려보내지 않고 조선에 살게 했습니다. 이렇게 조선에 들어온 사람들 중에는 서양인도 있었습니다.

배 한 척이 깨져 고을 남쪽 해안에 닿았기에 대정현감 권극중과 판관 노정을 시켜 군사를 거느리고 가서 보게 하였더니, 배가 바다에서 뒤집혀 살아남은 자가 38인이나 어느 나라 사람인지 모르겠으며 말이 통하지 않고 문자도 다릅니다. …… 그들은 파란 눈에 코가 높고 노란 머리에 수염이 짧았는데, 구레나룻은 깎고 콧수염을 남긴 자도 있었습니다. …… 왜어(倭語) 아는 자를 시켜 "너희는 서양의 길리시단(吉利是段, '길하고 이로움

을 베푸는 무리들'이라는 뜻으로 크리스천을 가리킴)인가" 하고 물으니, 다들 "야
야(耶耶)" 하였고, 우리나라를 가리켜 물으니 고려라 하고, 제주도를 가리
켜 물으니 오질도(吳叱島)라 하고, …… 이어서 가려는 곳을 물으니 나가
사키(郞可朔其)라 하였습니다. …… 이에 조정에서 서울로 올려 보내라고
명하였다. 전에 온 남만인(南蠻人) 박연이라는 자가 보고 "과연 만인(蠻人)
이다" 하였으므로 드디어 금군(禁旅)에 편입하였다.[15]

　　1653년, 효종 때 제주 목사가 올린 보고와 그 처리 내용이 담긴《조
선왕조실록》의 기록입니다.《하멜표류기》로 유명한 네덜란드의 헨드
릭 하멜(Hendrick Hamel)이 조선에 도착했을 때의 정
황이 기록되어 있습니다. 보고를 받은 조선 정부
는 이들을 한양으로
데려와 왕과 궁궐
을 지키는 금군에 편입
시키기도 했습니다. 금군은 그 특별
한 임무 때문에 무예가 뛰어나고 왕의 신임을 받
을 수 있어야 했지요. 그런 곳에 낯선 외국인을 들

■ 1653년 일본 나가사키로 향하던 네덜란드 동인도 소속 선
원 헨드릭 하멜은 제주도 인근 바다에 표류하다 조선에 억류당
하게 된다. 그는 조선에 정착하지 못하고 14년 만에 고국으로
돌아가《하멜표류기》라는 기행문을 남겼다. 이 기행문은 최초
로 유럽에 조선의 지리와 문화, 풍속 등을 소개한 문헌이 되었
다. 사진은 네달란드 호린험 마을에 설치된 하멜 동상.

인 것은 그만큼 이들을 특별히 대우한 것입니다.

위 기록에서 하멜 일행을 만난 박연(Jan Janse Weltevree) 역시 네덜란드 사람입니다. 박연은 동료 선원 두 명과 함께 1627년에 조선에 오게 됐고, 훈련도감에서 무기 만드는 일을 했습니다. 박연 일행은 병자호란이 일어나자 참전해 싸우기도 했는데, 전투에 나갔다가 두 명이 전사하고 박연만이 살아남았지요.[16] 《하멜표류기》에는 박연을 만나 대화한 내용이 있습니다. 박연은 하멜에게 "이 나라는 외국인을 본국에 보내지 않는 불변의 관습이 있으나, 모든 물품을 공급하는 등 대접이 훌륭하다"라고 말했다고 합니다.[17] 하멜 역시 조선 정부로부터 같은 대답을 들었습니다. 그렇지만 하멜은 박연과 달리 조선에 정착하지 않고 본국으로 돌아가기 위해 일본으로 탈출했지요.

조선시대에도 여느 시대와 마찬가지로 다양한 형태로 들어와 살게 된 외국인들이 있었습니다. 그 수가 많았던 시기도 있고, 적었던 시기도 있었지요. 조선에 귀화한 이들

■ 1627년 일본 나가사키로 향하던 중 태풍에 밀려 제주도에 표착한 네덜란드인 벨테브레이는 박연이라는 이름으로 조선에 귀화하였다. 조선 여성과 결혼하여 1남 1녀를 두었으며, 고국으로 돌아가지 못하고 조선에서 여생을 마쳤다. 사진은 네덜란드 알크마르 마을에 설치된 박연 동상.

은 흩어져 살기도 했지만 집단으로 거주하는 경우도 있었습니다. 17세기 초 울산에는 주민의 1.2퍼센트가 귀화한 외국인으로, 마을에 따라서는 3퍼센트가 넘는 곳도 있었습니다.[18] 조선 정부는 이들을 관리하고 통제했지만, 조선인으로 받아들이고 우대하는 정책을 폈습니다.

지금까지 우리 역사에 나타난 다문화를 살펴보았습니다. 처음 듣는 얘기도 있을 테고, 이미 알던 얘기지만 다문화의 시각으로는 생각하지 못한 것도 있을 것입니다. 모두 우리 역사 속 다문화인 것은 분명합니다. 우리 역사에는 외국인들이 이주해 오면서 나타난 다문화도 있고, 우리 선조들이 외국으로 나가 그곳에서 일으킨 다문화도 있습니다. 물론 이런 기록들은 역사적 사건으로서의 다문화를 보여 줄 뿐입니다. 다문화를 그 시대 사람들이 어떻게 받아들였는지는 정확히 알지 못합니다. 각 시대의 사람들이 하나같이 외국인의 이주를 적극 환영했거나, 이주해 온 외국인들과 어떠한 갈등도 없이 지냈다고 말할 수는 없겠지요. 하지만 주목해야 할 점은 다문화가 현대의 한국 사회에서만 나타나는 특별하거나 비정상적인 현상이 아니라는 것입니다.

다문화를 중심에 놓고 보면, 우리 역사는 시작부터 다문화 사회였다고 말할 수 있습니다. 처음 나라를 세우던 때부터, 나라가 변화하고 발전하는 과정에서 다양한 이주민들과 교류하고 그들을 수용해 왔습니다. 다문화 과정에서 들어온 새로운 문화는 기존의 고유한 문화와 만나고 섞였습니다. 전통문화를 훼손하는 것이라며 배척하는 경우도 없지 않았겠지만, 낯선 문화는 기존 문화를 자극해 새롭게 발전하는 데 기여했습니다.

우리 역사 속 다문화는 그 시대 사람들에게 자신이 살던 곳을 넘어 세상을 좀 더 폭넓게 볼 수 있는 기회이지 않았을까요? 상상할 수 없을 정도로 세상이 넓고 다양하며, 그 안에서 수많은 사람들이 각양각색의 모습과 생각으로 살아왔고 살아갈 것임을 생각하게 하지 않았을까요? 그러한 생각은 자신의 삶을 더 넓고 다양한 세상에서 상상하고 계획하도록 이끌지 않았을까요?

2

세계 각국의 다문화

다문화는 우리만의 일이 아닙니다. 세계 여러 나라에서 공통적으로 나타나는 현상입니다. 특히 지금 우리가 겪는 다문화는 한국보다 일찍 경제발전을 이룬 나라일수록 더 빨리 나타났다고 할 수 있습니다. 민주주의가 발달하고 자본주의 경제가 발전한, 이른바 선진국일수록 다문화가 더 빠르게 나타나고 있습니다. 다문화가 선진국에서 두드러지는 까닭은 대체로 경제적 이유로 더 많은 외국인 인력이 필요했던 상황도 있고, 이들 나라에서 새로운 삶을 꿈꾸는 이주민이 많았기 때문이기도 할 것입니다.

다문화는 세계 공통의 현상이지만 나라마다 그 배경과 조건은 조금씩 다릅니다. 캐나다나 호주, 미국 등은 건국 초기부터 여러 인종과 문화가 섞여 다문화 국가로 발전을 이룬 나라입니다. 유럽의 이주민들이 '새로운 땅'의 원주민들을 복속시키며 발전한 나라들이지요. 그런가 하면 대한민국처럼 오랜 기간 '단일민족 국가'로 발전한 이후에 다문화가 사회의 주요 문제로 떠오른 나라도 있습니다. 독일이나 프랑스, 일본 등이 그런 나라입니다. 같은 민족이라는 동질감을 강하게 의식하며 살아오다가 어느 시점에 외국인이 급격히 증가하면서 다문화를 겪게 된 거지요.

여기서는 나중에 다문화를 겪은 위 세 나라와 처음부터 다문화 국가로 출발한 캐나다의 경험을 살펴보려 합니다. 우리와 비슷한 조건과 배경에서 다문화를 겪는 세 나라의 경험과 모범적인 다문화 국가로 평가받는 캐나다의 사례를 살펴보면 우리의 다문화 미래를 생각하는 데 도움이 될 것입니다.

프랑스 :
모든 이주민을 프랑스 국민으로

2014년 7월, 프랑스 스트라스부르에 있는 유럽인권법원 앞에서 한 여성이 시위를 하고 있습니다. 공공장소에서 부르카(burka, 무슬림 여성이 입는 전통 복장으로 신체 노출을 최소화하기 위해 큰 천을 머리부터 뒤집어써 온몸을 가린다)를 착용하지 못하도록 한 프랑스의 법률을 이곳에서 심사하고 있는데, 이에 대해 자신의 주장을 알리려고 나온 것입니다. 부르카를 착용하고 '부르카 금지법'의 부당함을 주장한 이 여성은 곧 경찰에 체포됐습니다.

■ 이슬람 여성들의 전통 의상 가운데 하나인 부르카. 여성의 신체를 드러내지 않는 이슬람 전통에 따라 머리부터 발끝까지 전신을 가리기 때문에 인상착의를 파악하기 어렵다. 이런 이유로 유럽의 몇몇 나라에서는 공공장소에서 부르카 착용을 금지하고 있다. 대표적으로 프랑스는 서유럽 국가 가운데 가장 처음으로 공공장소에서 부르카 착용을 금지했다. 테러 위협과 안전상 위험하다는 이유를 내세워 금지했지만, 한편에서는 종교적 자유를 침해하는 것 아니냐는 비판도 있다. 사진은 부르카를 착용한 아프가니스탄 여성(왼쪽)과 얼굴을 제외한 전신을 가리는 차도르를 착용한 이란 여성(오른쪽).

프랑스는 2004년에 학교 등 공공기관에서 십자가는 물론 이슬람 의복 등 종교적 상징물을 착용할 수 없도록 하는 〈종교 상징물 착용금지법〉을 제정하였습니다. 이는 1989년에 파리 근교의 공립중학교에서 수업시간에 히잡(hijab, 무슬림 여성이 외출할 때 머리와 목을 가리려고 쓰는 베일)을 벗으라는 지시를 따르지 않은 세 여학생이 퇴학당하자 프랑스 사회에 논쟁을 일으키며 만들어졌지요.

2005년에는 프랑스 전국 300여 개의 도시와 마을에서 약 20일간 폭동이 일어나기도 했습니다. 이 사건은 북아프리카 모리타니와 튀니지 출신의 두 소년이 경찰의 검문을 피하기 위해 변전소 담을 넘다 감전되어 사망한 사건을 계기로 일어났습니다. 프랑스에 온 많은 이주민들은 경찰의 과도한 검문이 원인이라며 이에 항의하는 시위에 나섰는데요. 시위는 차량과 건물에 불을 지르거나 경찰을 공격하는 등 폭력성을 띠었고, 프랑스는 물론 유럽 전체에 큰 충격을 주었습니다. 무엇보다 이 이주민 소요 사태는 프랑스의 이민 정책 변화와 반(反)이슬람 정서 확산에 큰 영향을 주었습니다. 2005년의 이주민 소요 사태와 2014년 무슬림 여성의 복장을 둘러싼 논란은 프랑스 사회의 다문화 현실을 보여 주는 상징적인 사건입니다.

영국에 비해 뒤늦게 산업화가 이뤄진 프랑스는 필요한 많은 노동력을 다른 나라 국민의 이민으로 해결했습니다. 특히 1차 세계대전 이후에는 더 많은 이민을 받아들였고, 1930년대에는 이민자의 비율이 전체 인구의 7퍼센트에 육박했습니다. 이들은 대부분 폴란드, 스페인 등 유럽의 다른 국가에서 온 사람들이었습니다. 당시에는 경제적으로 낙후한 국가의 노동자들이었지요. 이주민들은 외국인에 대한 적대나 민족차별 등의 문제를 겪기도 했지만, 서서히 프랑스 시민으로 자리 잡아 갔습니다.

2차 세계대전 이후에는 알제리, 모로코 등 북아프리카 지역에서 오는 이주민들이 많았습니다. 특히 프랑스의 식민지였던 알제리에서의 이민이 많았습니다. 독립하려는 알제리와 이를 막는 프랑스 사이의 알제리 독립 전쟁(1954~1962년) 중에도 이민은 줄지 않고 오히려 증가했으며, 더 많은 나라 사람들로 확대됐습니다. 1970년대에 일어난 석유 파동으로 경기가 침체되자 프랑스는 이민자들을 돌려보내기 위해 귀국보조금을 주는 정책을 펴는 한편, 정착한 이주민들이 가족을 불러와 함께 살 수 있도록 '가족재결합' 정책을 시행하기도 했습니다. 하지만 2005년 이주민 소요 사태 이후로는 이민 자격을 까다롭게 하는 등 이주민을 억제하는 정책을 펴고 있습니다.

프랑스 국민의 25퍼센트는 부모 혹은 조부모 중 한 사람이 외국인이라는 통계가 있을 정도로 프랑스의 이주민 역사는 깊은 편입니다.[19] 현대 프랑스의 다문화 역사가 그만큼 깊다는 의미입니다. 이런 역사에서 프랑스 내 이민자들은 약 400만 명 가까이로 인구의 6퍼센트(2012년 기준)가 조금 넘습니다.[20] 여기에는 베트남, 라오스 등 아시아 지역 이주민도 포함되어 있습니다.

'마그레브'라 불리는 모로코, 알제리, 튀니지 등의 북아프리카 지역에서 온 이주민들은 대개 무슬림이지만, 프랑스 내 이슬람 신도의 수가 얼마나 되는지는 정확히 알지 못합니다. 1995년의 표본조사를 통해 370만 정도로 추산하고 있을 뿐입니다. 이는 프랑스가 1872년부터 인구조사에서 종교는 물론 인종과 민족의 기원을 알 수 있는 질문을 금지했기 때문인데요.[21] 출신과 인종, 종교가 드러나게 됨으로써 차별받을 가능성을 우려한 것이지요. 이는 모든 시민이 출신과 인종, 종교의 구분 없이 평등하게 살아갈 수 있도록 보장하는 '공화국 이념'에서 나온 것입니다.

다문화 사회로서 프랑스는 자유와 평등이라는 공화국 이념에 따라 이주민들을 프랑스인으로 변화시키는 것에 주안점을 두고 있습니다. 프랑스의 정신을 받아들여 합법적으로 프랑스 국민이 되도록 하는 것에 다문화 정책의 중심이 있는 것입니다. 이를 동화주의라고 합니다. 프랑스는 이주민들이 지니고 있는 출신 국가나 민족의 고유한 문화를 드러내는 것을 부정적으로 봅니다. 민족과 종교 등의 차이를 공공연히 드러내는 것이 프랑스 공화국으로의 통합을 방해한다고 보기 때문입니다. 무슬림 여성이 부르카 등을 착용하지 못하도록 하는 법률은 이런 배경에서 나온 것입니다.

이슬람계 등 다양한 이주민들을 공화국 이념으로 통합시키려는 것은 일찍부터 나타난 다문화에 대한 프랑스의 대처 방식입니다. 하지만 2005년의 이주민 소요 사태를 보면 이런 대처가 성공적이지는 않았습니다. 이주민들이 프랑스 국민과 동등하게 대우받고 있지 못하다

■ 프랑스의 공화주의 원칙은 이민 정책에서도 일관되게 유지되었다. 다양한 문화 정체성을 인정하기보다 공화국으로서 사회통합을 강조하다 보니 이민자들의 반발과 저항을 불러왔다. 사진은 2005년 파리 교외에서 발생한 이주민 소요 사태로 불에 타 버린 자동차 모습.

는 현실 인식이 당시 소요 사태의 중요한 원인으로 분석되기 때문이지요. 자유와 평등을 추구하는 공화국에서 이주민들은 자신이 차별받는 '2등 시민'에 불과하다고 여겼던 것입니다. 이주민들은 평균보다 두 배나 높은 실업률 등의 경제 문제와 함께 이들을 경계하는 프랑스 사회의 차가운 시선에 불만이 있었습니다. 그리고 불만은 결국 소요로 폭발한 것이지요.[22]

　이주민들의 종교적, 문화적 특성과 차이를 고려하지 않는 프랑스의 다문화 정책도 논란이 되고 있습니다. 학교 급식에서 돼지고기를

■ 샤를리 에브도 테러 사건의 희생자를 추모하는 사람들. '나는 샤를리다(Je suis Charlie)'라는 구호
는 당시 프랑스를 비롯해 세계 여러 나라에서 모든 테러를 반대하는 의지의 상징이었다.

먹지 않는 무슬림 자녀를 구분하는 등 다문화 현실에 대한 배려가 없지 않으나, 고유의 문화적 특성을 사회적으로 드러내는 것을 용인하지 않는 프랑스의 다문화 정책은 그대로 유지되고 있습니다.[23] 이런 정책 속에서 이주민들은 자신들의 고유한 문화적 특성을 숨겨야 하며, 이를 차별과 억압으로 느끼고 있습니다.

　프랑스 사회와 매우 다른 종교와 문화적 전통을 지닌 무슬림 이주민들에게 프랑스 국민으로 변화할 것을 요구하는, 즉 동화만이 강조되는 정책은 역으로 이들을 이질적인 존재로 만들고 있습니다. 이주민들은 이런 상황을 부당한 차별로 받아들이고, 백인계 시민들은 이들을 낯설고 불편한 존재로 보게 됩니다. 2001년 미국의 9·11테러와 2005년의 런던 테러 이후 계속 퍼져 가는 반(反)이슬람 정서는 이러한 사회 갈등을 더욱 심화시키는 요인이 되고 있습니다. 2015년 이슬람교 창시자 무함마드를 부정적으로 묘사했다 하여 신문사에 난입해 12명을 살해한 '샤를리 에브도 테러'에 반발해서 일어난 반(反)이슬람 시위는 그 연장선에 있습니다.

독일 :
이민국이 아니라는 원칙을 깨다

2014년 월드컵 결승전이 열린 브라질 리우데자네이루. 연장전까지 간 승부에서 독일이 아르헨티나를 1대 0으로 꺾고 우승을 차지합니다. 독일로서는 24년 만의 우승이며, 통일 독일로서는 첫 번째 우승입니다. 독일 국민들이 열광한 것은 당연한 일입니다. 선수들은 국민적 영웅이 되었지요. 시상식 후 운동장을 걸어가는 하얀 유니폼을 입은 독일 선수들 중에 상의를 벗은 채 황금빛 월드컵을 가슴에 안고 가는 선수가 눈에 띕니다. 메수트 외질(Mesut Özil), 터키 이주민 부모에게서 태어난 선수입니다.

당시 독일의 월드컵 축구대표에는 외질 외에도 아프리카 가나, 튀니지, 폴란드 등 이주민 후손인 선수들이 많이 있었습니다. 23명의 선수 중 6명이나 되었지요. 2010년 월드컵 때에는 이보다 더 많은 11명의 이주민 출신 선수들이 대표선수로 뛰었습니다. 오랜 기간 '낡은 전차군단'이라고 조롱받던 독일 축구대표팀이 우승을 차지하는 데에는 인종을 가리지 않고 실력 있는 선수를 과감히 발탁한 변화도 큰 몫을 했다고 합니다. 다문화 현실을 축구에서도 수용한 것이지요.

2010년에도 아르헨티나를 이기면서 독일 언론에서는 이들을 다문화(Multi-cultural) 머리글자를 따 'M세대'라며 기대를 표명했습니다. 하지만 모두가 그런 것은 아니었습니다. 독일 일부에서는 조기 탈락을 바라는 사람들도 있었다고 하네요. 다문화 대표팀이 비(非)독일적인 '잡

탕'이라는 이유에서입니다. 다인종 월드컵 대표팀에 대한 서로 다른 태도에는 다문화 독일의 현실을 바라보는 내부의 상반된 시선이 숨어 있습니다.

2차 세계대전 이후 독일은 극심한 노동력 부족을 겪었고, 이를 위해 외국인 노동자를 적극적으로 들어오게 했습니다. 이탈리아, 터키 등 여러 나라들과 고용협약을 맺어 수백만 명에 이르는 노동자를 받아들였습니다. 석유파동으로 경제위기를 맞아 1973년 외국인 노동력 모집이 중단되기까지 독일에 온 외국인 노동자는 전체 인구의 10퍼센트에 이를 만큼 많았습니다.[24]

독일 정부는 외국인 노동자들에게 계약기간이 만료되면 본국으로 돌아간다는 서약을 하게 했습니다. 이는 외국인 노동자가 독일 사회의 일원으로 정착하는 것을 막기 위한 조치였습니다. '독일은 이민 국가가 아니다'라는 원칙을 내세우며 독일이 다문화 사회로 가는 것을 막고, 독일인 혈통의 순수성과 문화적 단일성을 지키기 위한 것이었지요.

이런 정책에 따라 독일은 외국인 노동자들을 곧 돌아갈 '손님 노동자(Gastarbeiter)'라 불렀지만, 이들 중 20퍼센트는 독일에 정착했습니다. 독일 정부가 원하던 대로의 '손님'은 아니었던 것입니다. 그리고 외국인 노동자 모집을 중단한 이후에는 오히려 외국인 유입이 더 늘었습니다. 독일의 기업주들이 숙련된 외국인 노동자의 귀국을 원하지 않았고, 독일에 머물게 된 외국인 노동자들이 가족을 들어오도록 했기 때문이지요.

1990년대에는 미국과 소련 양 진영의 냉전이 끝나고, 동독과 서독의 통일이 이뤄지면서 더욱 다양한 외국인들이 독일로 들어왔습니다. 동독 지역의 독일인은 물론 새로운 삶의 기회를 갖기 원한 소련과 동유럽 사람들이 몰려왔지요. 특히 구 유고슬라비아 지역의 전쟁 때문에 많은 피난민들이 독일로 들어왔습니다. 다양한 문화적 배경을 가진 이주민들의 증가는 사회적 갈등을 낳았습니다. 이러한 갈등은 통일로 같은 국민이 된 옛 동독과 서독의 독일인들 사이에도 벌어졌습니다. 경제 격차와 함께 오랜 기간 서로 다른 체제에서 살아온 문화적 차이가 갈등의 원인이었죠. 이주민이 증가하면서 사회 갈등이 나타나자 '이민 국가로서의 독일'을 인정해야 한다는 주장이 나왔지만, 한편으로는 급속한 외국인 증가를 비판하고 이들에 대한 혐오감을 드러내는 목소리도 나타났지요.

결국 의도한 바와 달리 이주민이 증가하면서 다문화에 따른 사회 갈등이 나타나자 독일은 종래의 정책에 변화를 주었습니다. 더는 '이민 국가가 아니다'라는 원칙을 고집할 수 없게 된 것입니다. 여러 사회단체 및 정당 사이에서 오랜 정치적 논란 끝에 이뤄진 타협의 결과였습니다. 이민법과 국적법을 개정해 일정한 조건과 자격을 갖춘 외국인 노동자와 그 가족들에게 장기 체류를 허가하고, 이주민 자녀가 독일 국적을 갖는 것을 허용했습니다.[25] 다문화를 막는 통제 중심의 정책에서 벗어나 이를 어느 정도 인정하고, 외국인 노동자 등의 이주민들을 독일 사회로 통합시키는 정책을 펴기 시작한 것이지요. 이러한 변화에는 독일 사회의 고령화에 따른 노동력 부족 문제 해결과 숙련노동자를 더 많이 받아들이려는 목표도 있었습니다.[26]

독일에는 100만에 이르는 터키인을 포함해 2013년 기준으로 모두 700만 명이 넘는 외국인이 있습니다. 전체 인구의 9퍼센트가 넘는 수치입니다. 하지만 '이주 배경을 지닌 사람들(Migration Background)'은 인구의 19퍼센트에 해당하는 1500만 명이나 됩니다.[27] 이는 외국인은 물론 독일에서 태어난 외국인, 이주 경험이 없는 이주민의 자녀 등을 포함한 수치입니다. 부모 모두 혹은 한쪽이 외국인이거나 귀화한 사람의 후손들 역시 다민족, 다인종 독일을 구성하는 일부입니다.

독일은 이주 외국인들을 '게르만'화하는 동화주의 정책에서 벗어나 토착 독일인에게도 낯선 이주민들의 문화를 이해할 수 있도록 하는 '상호문화교육'을 추진하고 있습니다. 단일민족 국가로서 독일이 아니라 다문화된 현대 독일 사회의 다양성을 인정하고, 다른 종교와 문화에 대한 이해와 존중의 태도를 갖추도록 하기 위한 것이지요.[28] 그런가 하면 2015년 샤를리 에브도 테러를 계기로 한 반(反)이슬람 분위기 속에서 외국인 혐오를 드러내는 목소리도 사라지지 않고 있습니다. 다문화를 인정하는 정책이 실패라는 정치인들의 주장도 나오고 있고요.

이런 혼란스러운 현실은 '독일은 이민 국가가 아니다'라는 원칙을 내세워 이주민들이 증가하는 현실을 외면해 왔기 때문에 일어났거나 그로 인해 더 심각해진 것으로 평가됩니다. 그 때문에 다문화 현실을 바탕으로 사회통합을 추진하려는 노력이 늦어졌고, 오랜 기간 유지된

단일민족 국가라는 의식이 외국인에 대한 불편한 감정과 적개심을 낳
고 있는 것이지요. 월드컵 대표팀에 대한 상반된 시선은 이런 현실이
반영된 것이라 할 수 있습니다.

■ 독일 축구 국가대표팀은 2000년대 중반 이후부터 혼혈인과 이주민 2세들이 대거 합류한 다국적 국가대표팀의 면모를 이어 왔다. 사진은 2014년 월드컵 축구대회 우승을 기념하는 독일축구 대표팀의 모습이다. 우측에 상의를 벗은 선수가 터키계 이주민 2세인 메수트 외질.

일본 :
애써 부정한 다문화 현실

"내가 일본인처럼 보이지 않는 거 알아요. 그러나 누구보다도 일본과 문화를 상징할 수 있어요."

2015년 미스 유니버스 일본 대표로 선발된 미야모토 아리아나가 인터뷰에서 한 말입니다. 나가사키 대표인 그는 고등학교 때 미국에 있던 것을 제외하면 계속 일본에서 살아온, 일본 국적을 가진 일본인입니다. 하지만 그의 외모를 봐서는 그가 말했듯 '일본인처럼' 보이지 않습니다. 그는 흑인계 혼혈입니다. 그래서 당시 일본 미인 대표 선발을 두고 일본 사회가 시끌벅적했습니다.

미스 유니버스 일본으로서 미야모토 아리아나를 비난하는 사람들은 그가 일본을 대표할 수 없다고 합니다. 일본인 어머니와 아프리카계 미국인 사이에서 태어난 그가 '검은 피'를 갖고 있어 일본인처럼 보이지 않고, 외국인으로 보인다는 것이지요. "감히 혼혈인이 일본을 대표할 수 없다"라는 말도 나옵니다. 그러나 검은 피부의 일본인, 미야모토 아리아나는 미스 유니버스 대회에 일본 대표로 참가하게 됩니다.

일본은 한국만큼이나 단일민족 국가라는 자부심이 대단한 곳입니다. 국민들 사이에 순혈주의 심리가 강한 나라이지요. 그런 나라에서 얼굴에 검은빛이 강한 혼혈 일본인이 국가대표 미인으로 뽑혔으니

■ 까만 피부가 매력적인 미야모토 아리아나. 2015년 미스 유니버스 일본 대표로 선발되었을 때 일본에서는 '일본인이 아니다'라는 비난 여론이 일었다. 그녀가 한 언론 인터뷰에서 "일본에서 태어나 일본에서 자랐는데 내가 일본인이 아니라면 나는 누구일까요?"라고 던진 질문은 다문화에 대한 편견과 차별을 바로 볼 수 있게 한다. (사진 출처 : 미야모토 아리아나 페이스북)

이러저러한 말들이 많았겠지요.

일본은 오랜 기간 외국인의 유입을 차단하는 정책을 펴 왔습니다. 그렇다고 일본에 외국인이 없었던 것은 아닙니다. 이들의 존재를 무시하고 배척했을 뿐이지요. 2차 세계대전 패전국인 일본이 옛 식민지에 대한 영유권을 포기하면서 일본에 있던 조선인과 대만인들은 국적 없는 외국인이 되었습니다. 이들 중 상당수는 일본에 징용되어 끌려왔다가 돌아가지 않고 정착하게 된 사람들인데요. 이런 사람들을 일본에서는 이후에 들어온 외국인들과 구분해 올드커머(old-comer)라고 부릅니다.[29]

올드커머의 다수는 재일동포입니다. 재일동포를 일본에서는 '재일한국조선인'이라 부릅니다. 대한민국 국적을 가진 사람들도 있지만 북한(조선) 국적을 가진 사람들도 있으니까요. 이들은 일본인으로 귀화하지 않으면 일본에서 살아가는 데 어려움이 많았습니다. 전쟁의 피해자로서 보상도 받지 못한 채 취업이나 아파트 입주 등에서도 차별을 받아 왔습니다. 일본 사회에 식민지 피지배 민족에 대한 차별 의식도 있었지만, 일본 민족의 순수성을 지키겠다는 생각이 퍼져 있었기 때문입니다.

■ 일본의 극우 민족주의 시민단체인 '재일 특권을 용납하지 않는 시민 모임'(약칭 재특회)의 시위 모습. 이들의 집회에는 일본 제국주의를 상징하는 욱일기가 등장한다. 재특회는 일본에서 1991년에 시행된 '입관특례법'을 근거로 재일 한국인에게 주어진 '특별 영주 자격'을 철폐하고 재일한국인을 다른 외국인과 동등하게 취급하라고 주장한다. 이들은 반(反)조선, 반(反)한국, 반(反)중국 등을 표방하며, 특히 재일 한국인을 대상으로 혐오 발언을 서슴잖게 외치고 있다. 일각에서는 헤이트 스피치도 표현의 자유로 인정해야 된다고 주장하지만, 국제 사회는 헤이트 스피치를 증오 범죄로 규정하고 있다.

일본에서 외국인에 대한 부정적이고 폐쇄적인 태도가 바뀌기 시작한 것은 1975년에 베트남 난민들을 받아들이면서입니다. 베트남 전쟁이 끝나고 탈출한 난민들을 일본에서도 받아들인 것이지요. 비록 국제사회의 요청에 응한 것이고, 많은 수는 아니었어도 큰 변화였습니다. 이제까지 외국인에게는 적용하지 않던 연금제도를 바꿔 외국인도 혜택을 받을 수 있도록 했으니까요.[30] 그렇다고 일본이 다문화를 적극적으로 받아들인 것이라 할 수는 없었습니다.

1980년대 경제성장이 활발히 이뤄지면서 일본은 노동력 부족 현상을 겪게 되었습니다. 앞에서 살펴본 다른 나라들과 마찬가지로 일본 역시 외국인 노동자들을 데려올 수밖에 없었지요. 브라질 등 일본계 남미 이주자들을 들어오게 했고, 필리핀과 중국에서도 많은 노동자들이 일본에 거주하게 되었습니다. 이들을 뉴커머(new-comer)라고 부르는데, 이들이 일본 사회에서 받은 대우는 한국의 외국인 노동자들 처지와 크게 다르지 않았습니다. 한국의 '3D'와 같은 의미의 '3K' 업종에서 일하면서 저임금, 폭행, 여권 압류 등 인권침해에 시달리는 경우가 많았습니다.[31]

일본에서 다문화 현실을 인식하고 이에 대한 올바른 대응을 모색하게 된 것은 1995년입니다. 6천 명이 넘게 사망한 고베 대지진이 그 계기였습니다. 대지진이 일어난 급박한 상황에서 관련 정보를 신속히 얻을 수 없던 외국인들의 처지를 시민단체들이 돕고 나서게 되었지요. 한국어, 포르투갈어, 필리핀어 등 여러 언어로 정보를 제공하는 라디

오방송을 했고, 지진 피해를 입은 외국인을 돕기 위해 '다문화공생센터'를 설립하기도 했습니다. 이러한 활동 속에서 '다문화 공생' 이념이 제기되었습니다. '국적, 문화, 언어 등의 차이를 넘어 서로를 존중'하자는 것이었지요.[32]

그러나 다문화에 대한 일본 사회 내 활동은 시민단체와 외국인이 많은 지방정부를 중심으로 이루어졌습니다. 2001년 외국인들이 많이 모여 사는 25개 도시의 대표자들이 모여 '외국인집주도시회의'를 설립해, 각 지역의 외국인 주민 정책과 활동을 공유하고, 중앙정부에 외국인 정책을 건의하기도 했습니다.[33] 이에 비해 중앙정부에서는 다문화와 관련된 정책에 별 관심을 보이지 않았습니다. 일본에 온 외국인을 관리하는 데에만 급급했을 뿐입니다. 2005년에서야 일본 총무성에서 '다문화공생추진플랜'을 제시하면서 관심을 나타내기 시작했지요. 이런 관심도 정부의 한 부처에 국한되었고, 외국인이 일본에서 생활하는 데 불편함이 없도록 하는 것에만 주목했습니다. 반면에 외국인들의 법적 지위와 권리, 인권 문제 등에는 상대적으로 소홀하다는 평가를 받습니다.[34]

2013년 일본에 등록된 외국인은 200만 명이 넘습니다. 1억 2천만 명이 넘는 일본 인구의 약 1.6퍼센트에 해당하는 비율입니다. 이들 중 상당수가 올드커머인 재일동포입니다. 그만큼 외국인 차별에 따른 고통을 더 오래, 깊이 받아 왔지요. 1980년대까지는 재일동포가 가장 많은 비중을 차지하고 있었지만, 그 이후에는 중국 국적이 가장 많아 현재는 중국이 30.9퍼센트, 재일동포가 23.6퍼센트인데, 필리핀과 브라질, 베트남 이주민이 증가하고 있습니다.[35]

검은 얼굴의 '미스 일본'은 다문화 사회로서 일본의 현실을 보여 줍니다. 전통적인 일본인이 아닌 낯선 일본인을 대표로 뽑는 것이 다문화 현실을 인정하는 태도라면, 그를 비난하는 태도는 단일민족 일본에 매달리며 그 현실을 부정하는 모습이라 할 수 있습니다.

캐나다 : 우리는 시작부터 다문화였다

캐나다 수도인 오타와에 있는 한 대학의 기말고사 시간입니다. 시험시간이 되자 학생들에게 시험지가 배부됩니다. 시험지 표지를 넘기자 다양한 언어로 된 짧은 문장들이 나열되어 있습니다. 아랍어도 있고, 중국어도 보입니다. 한국어도 있네요. "행운을 빕니다." 25개 언어로 쓰인 이 행운의 인사말을 보는 120명의 수험생 중 한국인 학생은 2명에 불과했습니다. 좋은 결과를 빌어 주는 출제자의 배려가 수험생들의 시험 성적에 어떤 영향을 주었는지는 모르겠지만, 배려받는다는 느낌이 결코 불쾌하지 않았을 것입니다.

캐나다 사회에서는 다양한 언어의 존재를 인정하는 배려가 꽤 발달해 있습니다. 학교에서 학부모에게 문서를 보낼 때에도 여러 나라의 언어로 배포되고, 이는 정부에서 보내는 문서에도 적용된다고 합니다. 다양한 나라의 언어로 문서를 보내지 못하는 경우에는 필요한 부분에 '중요한 내용이니 통역을 받으십시오'라는 말을 다양한 언어로 기재합니다. 또 응급 상황에서 전화 서비스를 받아야 할 경우 담당자에게 '코리안'이라고 하면 한국어가 가능한 직원과 통화할 수 있도록 연결해 준다고 합니다. 이렇게 캐나다가 소수 언어를 사용하는 사람들까지도 세밀히 배려하는 사회로 나아간 것은 1971년 '다문화주의 국가'임을 공식적으로 선언하면서부터입니다. 캐나다 사회에 나타난 다문화를 부정하거나 억압하지 않고 사회발전의 동력으로 삼는 정책을 선택한 것이지요.

캐나다는 이민 국가입니다. 인구가 3500만 명인데, 200여 개 다양한 민족의 이민자가 500만 명이 넘을 때도 있었습니다. 이런 캐나다에서 다문화란 지극히 자연스러운 일입니다.[36] 캐나다라는 국가 자체가 이민자들이 세운 국가이기 때문에 더욱 그렇습니다. 1990년대 '다문화주의와 시민인권부' 장관의 "캐나다는 시작부터 다문화적이었다"라는 말은 캐나다의 다문화 역사를 압축적으로 보여 줍니다.[37]

캐나다라는 이름은 유럽인들이 정착하기 전에 본래 그 지역에 살던 원주민들이 쓰던 '정착지' 또는 '부락'이라는 뜻을 가진 '카나타'(kanata)라는 말에서 유래되었습니다. 캐나다의 역사는 원주민이 사는 곳에 유럽인들이 이주해 오는 17세기 중반부터 시작되었습니다. 에스키모라 불린 이누이트와 인디언 등 다양한 원주민이 살고 있기도 했

■ 캐나다는 16세기에 영국과 프랑스가 정착하면서부터 여러 인종과 이민자로 구성된 다문화 사회를 이루고 있다. 사진은 '이민자의 도시'로 불리는 토론토의 번화가 모습.

지만, 이질적인 문화를 가진 유럽의 이민자와 원주민의 대면이 캐나다 다문화 역사의 시작이었다고 볼 수 있지요.

　　캐나다 지역의 이민과 개발을 주도한 국가는 프랑스와 영국입니다. 두 나라는 이곳에 자국의 식민지를 더 많이 세우기 위해 경쟁했는데, 7년 전쟁(1756~1763년)에서 승자가 결정됐습니다. 이 전쟁에서 영국이 승리했고 퀘벡 등 프랑스계 주민이 많이 살던 지역들 역시 영국의 지배를 받게 되었지요. 그 후 영국과 미국 사이에 미국 독립 전쟁(1775~1783년)이 일어났고, 영국은 프랑스계 주민들이 미국 편에 서지 않도록 해야 했습니다. 이 전쟁에서 프랑스는 경쟁 관계였던 영국의 적인 미국을 지원하고 있었으니까요. 그래서 영국은 퀘벡에 일정한 자치를 허용했습니다. 영국의 성공회를 따르지 않고 가톨릭 신앙을 유지할 수 있게 했고, 프랑스 민법을 따르도록 허용하였습니다. 퀘벡 주민들이 프랑스 문화를 유지하며 살 수 있도록 허용한 것이지요. 일정한 자치권을 보장받고 있는 다양한 종족의 원주민을 제외하더라도 캐나다의 역사는 영국계와 프랑스계 주민의 문화가 함께하는 다문화 국가로 출발하고 있습니다. 인구 구성에서도 영국계가 28퍼센트, 프랑스계가 23퍼센트로 이들이 다수를 차지하고 있습니다.

　　그러나 캐나다가 세계의 주목을 받는 다문화 사회로 나아간 것은 1970년대부터입니다. 캐나다는 넓은 국토와 풍족한 자원에 비해 노동력이 부족했습니다. 그래서 국가 차원에서 외국인의 이민을 적극 추진하고 이를 토대로 경제발전을 추진하는 정책을 폈습니다. 그 결과 1871년 이

후 100년 동안 인구가 350만에서 2천만 명으로 늘어났습니다.[38]

이 시기의 이민은 유럽계 백인을 우선적으로 받아들이는 차별적인 것이었습니다. 아시아 등 비백인계는 인종적, 문화적으로 열등한 이방인 취급을 받았습니다. 그러나 2차 세계대전 이후 경제성장을 위해 더 많은 노동력이 필요했던 캐나다 정부는 그동안의 차별적 이민 정책을 개혁해야 했습니다. 일정한 자격을 갖추면 인종과 출신 지역에 상관없이 이민을 받아들이는 정책을 폈지요. 또한 이로부터 심화되는 다문화를 고려한 정책을 추진했습니다. 다양한 민족의 문화와 차이를 그 자체로 존중하면서 캐나다 사회로의 국민적 통합을 목표로 하는 다

문화주의 정책을 추진한 것입니다.

이에 따라 헌법에서 다문화주의를 천명하고(1982년), 세계 최초로 〈캐나다 다문화주의 법(Canadian multiculturalism act)〉을 제정하여 (1988년) 다문화주의를 공식 정책으로 실천하고 있습니다. 〈캐나다 다문화주의 법〉은 캐나다 내 모든 민족의 차이를 공식적으로 인정하고 차별 없는 사회를 이루기 위한 법입니다. 다양한 문화 사이에 이해를 증진하고 각각의 사람들이 고유한 자신들의 문화를 유지하도록 지원하는 것이지요.[39]

캐나다 정부는 "공식 언어는 존재하지만 공식 문화는 존재하지 않는다"라고 천명합니다. 영어와 프랑스어를 공용어로 해 국민통합과 소수 민족의 사회참여를 추진하지만, 단일의 공식 문화를 지정하고 이것으로 통합하지는 않겠다는 것이지요. 다양성이 캐나다의 기본적인 사회 성격이라는 점을 상징하는 말이라 하겠습니다. 이는 원주민들의 문화와 언어를 파괴하여 문명화된 캐나다인으로 만들려 하고, 이민자들이 지닌 고유의 문화 특성을 부정했던 과거의 태도를 반성한 결과입니다.

한 예로 캐나다의 파격적인 내각 구성은 종종 세계적 이슈가 되기도 합니다. 2005년에는 아이티 출신의 흑인 여성인 미셸 장(Michaelle Jean)이 총독으로 임명되어 화제였습니다. 캐나다 역사상 가장 젊은 총독이자 최초의 흑인 여성 총독이라는 평가를 받았지요. 또한 2015년에는 인도 출신의 시크교도인 하지트 사잔(Harjit Sajjan)이 국방장관으로 임명되기도 했습니다. 그는 1988년 터번과 짙은 수염 때문에 육군으로부터 입대를 거부당한 사람이었어요. 그 외에도 아프가니스탄과 원주민 출신의 여성이 장관으로 임명되기도 합니다. 이를 두고 트뤼도 캐나다 총리는 "캐나다를 닮은 내각"이라고 자랑했지요.

캐나다는 세계에서 처음으로 다문화주의 정책을 선택한 나라이면서, 이를 가장 성공적으로 실현하고 있는 나라라는 평가를 받고 있습니다. 그렇다고 해서 다문화에 따른 어떤 갈등도 없다는 의미는 아닙니다. 여전히 불평등과 차별 문제가 제기되고 있습니다. 중요한 것은 다문화 현실을 부정하기보다 인정하는 방향으로 사회발전을 추구한다는 것이지요. 이런 노력이 있었기에 난민 출신의 흑인 여성이 총독에 선출되고, 터번을 두른 국방장관이 임명되기도 하는 가능성의 사회로 발전할 수 있었습니다.

지금까지 대한민국보다 일찌감치 다문화를 경험하고 있는 네 나라를 살펴봤습니다. 다문화가 한국만의 특수한 현상이 아니라 세계적인 현상이라는 점을 확인할 수 있었나요? 소개된 네 나라만이 아니라 더 많은 나라들이 우리보다 앞서 다문화 사회를 향해 가고 있습니다. 그리고 앞으로 이런 나라들은 더 늘어날 것입니다.

앞에서 살펴본 네 나라 모두 경제성장에 필요한 노동력 부족을 겪던 시기가 있었고, 이 문제를 해결하기 위해 많은 외국인을 받아들였다는 점이 비슷하지요? 외국인들이 일방적으로 몰려온 것이 아니라 자국의 필요에 따라 외국인을 불러들였다는 점은 한국도 마찬가지입

■ 캐나다 27대 총독이었던 미셸 장(왼쪽)과 2015년에 캐나다 국방
장관으로 취임한 하지트 사잔(오른쪽).

니다. 출발은 단순히 부족한 노동력을 채우기 위한 것이었다 해도 그렇게 들어온 외국인들은 각국 경제에 큰 영향을 주는 존재가 되고 있습니다. 이는 다문화가 어떤 형태로든 그 나라의 경제구조 일부로 자리하고 있다는 것을 의미합니다.

그럼에도 다문화에 대처하는 각국의 태도는 조금씩 다릅니다. 당연히 그에 따라 결과도 다르게 나타납니다. 비교적 안정적으로 다문화 사회로 나아가는 나라가 있는가 하면, 다문화로 인해 사회적 갈등이 심화되고 있는 나라도 있습니다. 현상만을 보고 어느 나라의 태도가 옳은가 그른가를 말하는 것은 성급합니다. 특정 시기에 나타난 일시적인 현상이 아니라 지속적인 추세를 봐야겠지요. 물론 다른 나라들의 사례를 한국과 직접 비교하여 말하기도 어렵습니다. 다문화를 겪는 양상과 그에 대한 대응 자세가 서로 다르기 때문이지요. 하지만 우리의 다문화 현실과 미래를 생각하고 준비하는 데 도움이 될 수 있지 않을까요?

지금까지 살펴본 다양한 사례들을 통해 확인할 수 있는 사실 하나는 다문화가 그 자체로 혼란과 갈등을 일으키는 원인이 아니라는 것입니다. 우리가 어떻게 바라보고 대하는가에 따라 결과가 좋을 수도 나쁠 수도 있는 것이지요.

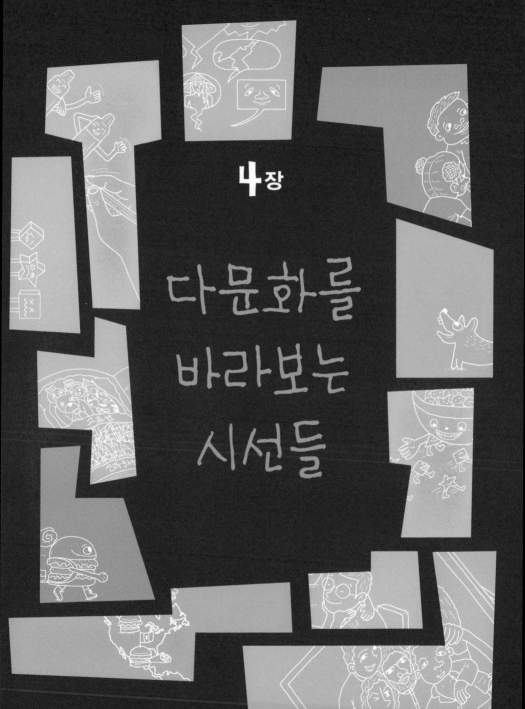

4장

다문화를
바라보는
시선들

1

다문화 정책의
세 가지 유형

앞에서 살펴본 것처럼 다문화는 역사적이며, 또한 세계적인 현상입니다. 하지만 다문화를 대하는 태도는 사람마다 나라마다 다르며, 한 나라에서도 시기별로 차이가 있습니다. 다문화를 긍정적으로 받아들이는 나라가 있는가 하면, 바람직하지 못한 현상으로 여겨 부정하려는 나라도 있지요. 나라마다 다문화가 일어나는 역사적 배경과 조건이 다르기 때문입니다. 또한 그 나라의 발전과 미래를 바라보는 관점의 차이에서 비롯되기도 합니다.

지금까지 우리는 서로 다른 인종과 문화가 한 사회 안에 혼재하는 것을 일컫는 다문화에 대해 살펴보았습니다. 한국 사회가 겪고 있는 다문화 현실과 다문화에 대한 엇갈린 시선을 통해 다문화의 실체에 다가가고자 했습니다. 또한 아주 오래전부터 우리를 포함해 세계 곳곳에서 겪은 다문화를 살펴봄으로써 다문화가 어제오늘의 일이 아님을 알게 되었지요.

이제는 다문화 혹은 다문화 시대라는 말이 조금 익숙해졌나요? 사실 우리는 이미 다문화를 겪어 왔고, 그러한 시대를 살아왔어요. 다문화라는 말은 다양한 문화가 섞여 있는 것에 대한 서로 다른 생각 때문에 갈등이 빚어지면서 생겨난 것이에요. 그래서 이제부터는 다문화에 대한 서로 다른 입장이나 태도에는 어떤 차이와 공통점이 있는지 살펴보려고 합니다.

한 사회에 나타나는 다문화를 설명하고 분석할 때 사용하는 세 가지 유형이 있습니다. '차별과 배제', '동화주의', '다문화주의'가 그것입니다. 이러한 구분은 이주민에 대한 국가의 정책과 제도를 연구하기 위한 것이었으나, 사람들이 다문화에 대해 갖는 태도를 설명하는 데도 적용할 수 있습니다. 이주민에 대한 나의 생각과 태도는 어느 유형에 더 가까울까 평가해 볼 수 있는 것이지요.

다문화 정책을 세 가지 유형으로 구분하여 설명하기는 하지만, 실제 현실은 더 복잡합니다. 차별과 배제가 주요 경향인 나라에서도 동화주의 또는 다문화주의 정책이 있기도 합니다. 동화주의로 분류되는 국가라 하더라도 다문화주의 성격의 정책이 있고, 그 반대의 경우도 있습니다. 따라서 이러한 구분은 한 나라가 지향하는 다문화 정책의 기본 방향이 무엇인가를 살펴보는 도구의 하나로 보아야 합니다. 사람들이 이주민에게 갖고 있는 태도나 심리 역시 이러한 복잡성을 생각해야 할 것입니다.

차별과 배제 : "너희는 손님일 뿐이야!"

차별과 배제는 외국인과 이민자가 들어오는 것 자체를 부정적으로 보는 태도입니다. 특정한 직업이나 경제특구 등 일정한 지역에 한해, 일정한 기간 동안만 외국인의 취업을 허용할 뿐 이들이 자기 나라에 정착하는 것은 막습니다. 그래서 극히 제한적인 경우에만 이민을 받아들이는 폐쇄적인 정책을 취합니다.

1990년대까지 독일이 보여 준 모습은 이 유형의 대표적인 사례입니다. '독일은 이민 국가가 아니다'라는 원칙에 따라 외국인 노동자를 계약기간이 끝나면 곧 돌아갈 '손님 노동자'로 대하였고, 직업 선택이나 거주 등을 엄격하게 통제하였습니다. 외국으로 이민을 갔다가 돌아온 독일인과 후손에게 내국인과 동일한 혜택을 주는 것과는 상반된 태도였지요. 이러한 차별은 이주민 자녀를 독일 학생들과 분리해 공부하게 하는 등 교육 현장에서도 있었습니다.[1] 독일만이 아니라 일본은 물론 몇 년 전까지의 한국도 이 유형의 국가였다고 할 수 있지요. 산업연수나 기능연수 등을 명목으로 짧은 계약기간 동안만 취업을 허락하고 이민을 통제하는 정책을 취해 왔으니까요. 이민 국가로 출발한 것이 아니라 오랜 기간 단일민족 국가로서의 역사를 가진 나라들은 대체로 이런 태도를 보이는 경향이 있습니다.

이주민에 대한 차별과 배제는 자국의 문화 단일성과 민족적 순수성을 중요하게 여겨 이를 지키려는 생각에서 출발합니다. 이런 생각에는 국민의 혈통과 문화의 기원이 같다는 믿음이 있습니다. 다문화는 이를 해치는 것이기 때문에 당연히 부정하고 제거해야 하는 것이 됩니다. 그런 태도가 외국인의 유입을 배제하고, 들어온 외국인을 차별하는 정책으로 나타나는 것이지요. 여기에는 자국의 문화와 민족을 다른 나라에 비해 우월하다고 여기는 반면, 다른 나라와 민족의 문화 및 혈통을 낮추어 보는 태도가 있습니다. 이를 자문화중심주의라 하는데, 이에 대해서는 뒤에서 자세히 살펴보도록 하지요. 이런 관점에서 다문화는 낮은 수준의 문화와 혈통이 들어와 자국의 문화와 혈통의 순수성을 훼손하는 바람직하지 못한 일에 불과합니다. 그렇기에 외국인들의 입국을 가능한 막고 통제하는 정책을 취하게 됩니다.

차별과 배제에는 국가를 최고의 가치로 두는 생각도 깔려 있습니다. 나라가 발전하려면 국민이 단결할 수 있어야 하고, 문화적 동질성이 강할수록 유리하다고 믿기 때문입니다. 따라서 이질적인 인종이나 종족, 문화집단이 섞여 들어오는 다문화는 단일민족과 문화의 순수성을 파괴하는 것이고, 국민의 단결력을 약화시킬 수 있는 위협으로 여겨지는 것입니다.

동화주의 :
"모두 하나가 되어야 해!"

동화주의는 민족적, 문화적 단일성을 지향한다는 점에서 차별과 배제 입장과는 기본적으로 같습니다. 하지만 이주민의 존재를 인정하고 이들을 자국민의 일원으로 받아들이려 한다는 점에서 다릅니다. 다문화를 막으려 했음에도 어느새 자국 사회의 일부분이 되어 있는 이주민의 존재를 부정할 수 없게 된 시점에서 취하는 정책 또는 태도라 할 수 있지요. 그런데 자국민으로 받아들이는 것은 이주민이 출신국의 언어와 문화적 특성을 포기하고 자국의 문화적 전통과 역사를 따르는 것을 전제로 합니다. 새로 갖게 된 국적의 국민으로서 그 나라의 언어와 문화를 받아들이는 것, 즉 동화(同化)를 요구하는 것이지요. 이는 앞에서 살펴본 프랑스의 다문화 정책에서 그 특성을 엿볼 수 있습니다.

프랑스는 모든 시민이 출신과 인종, 종교의 구분 없이 평등하게 살아가도록 보장하는 '공화국 이념'을 국가의 최고 가치로 여깁니다. 이 이념에 따른 다문화 정책은 새로이 프랑스 시민이 된 이주민들을 이전의 프랑스 국민과 같게 만드는 동화를 목표로 합니다. 이주민들이 지니고 있는 출신 국가나 민족의 고유한 문화를 드러내는 것은 이 이념에 반하는 행위로 여깁니다. 무슬림 여성이 자신들의 전통 의상을 공공장소에서 입을 수 없도록 한 〈부르카 금지법〉은 이런 생각에서 나온 것입니다. 민족과 종교 등의 차이를 인정하지 않고 한 국민이라는

■ 용광로 모델은 대표적인 다민족 국가인 미국
에서 등장했다. 서로 다른 문화적 차이 때문에
생기는 갈등과 사회적 비용을 줄이자는 생각에
서였다. 그러나 여러 문화의 결을 무시한 채 단
일한 용광로에 모든 개성을 녹여 내자는 발상은
이제 더는 유효하지 않다.

동질성만을 강조하는 동화주의는 '용광로(melting pot)' 모델로 불리기도 합니다. 모든 차이를 하나의 국가라는 용광로에 녹여 내어 단일의 국민으로 만든다는 의미로 말이지요.

동화주의는 1900년대 미국의 다문화 정책에서 시작되었습니다. 원래 미국은 이주민에 의해 세워진 나라입니다. 그런데 19세기 후반에 스페인, 아일랜드, 폴란드 등에서 온 이주민들은 백인임에도 영국계와 독일계 중심의 초기 이주민들에게 많은 차별을 받았습니다. 경제적으로 어려웠던 것은 물론이고 부도덕하고 게으르다는 비난과 멸시에 시달렸지요. 이들을 하나의 미국인으로 녹이기 위한 정책을 상징하는 말이 '용광로'였고, 1929년에 대공황을 거치면서 이러한 정책은 나름의 성과를 거두게 되었습니다. 이렇게 해서 미국 사회를 주도하는 백인 사회가 형성되었지요. 하지만 흑인과 중국인 등의 황인종은 그 용광로에 들어갈 자격조차 없는 존재였습니다.[2]

동화주의는 이주민들을 한 국가의 같은 국민으로 인정하는 정책으로 나타납니다. 물론 여기에는 이주민들이 기존 국민들의 언어와 문화, 이념 등을 받아들이는 동화를 전제로 합니다. 이런 정책을 취하는 나라에서는 이주민들이 그 나라의 언어를 배우게 하고, 그들의 자녀가 학교를 다닐 수 있도록 도와줍니다. 동화가 이뤄지도록 지원하는 것이지요. 그러나 이는 동화를 강조하여 국민으로서의 동질성만 강요할뿐, 국민 개개인의 다양한 차이를 무시한다는 비판을 받습니다.

다문화주의 : "함께 어울려 살자!"

다문화가 다른 인종과 민족, 서로 다른 문화를 가진 이주민이 늘어나는 사회 현상을 가리킨다면, 다문화주의는 이러한 현상을 부정하거나 반대하기보다 다문화를 이루고 있는 다양한 사람들이 자신의 문화적 특성을 유지하며 살아가는 것을 수용하는 관점입니다. 간단히 말해 다문화를 긍정하는 입장인 것이지요.

다문화주의는 흔히 '샐러드 볼(salad bowl)'에 비유합니다. 여러 형태와 다양한 맛을 가진 과일과 채소를 하나의 그릇에 넣고 섞은 것처럼, 한 나라에 다양한 민족과 인종, 문화가 공존하는 것을 상징하는 것이지요. 샐러드의 각 재료들은 같은 소스로 버무려지지만 각각의 고유한 식감과 맛은 그대로 유지됩니다. 모든 재료를 믹서에 넣고 갈아서 만드는 맛과는 다르지요. 다문화주의가 용광로로 비유되는 동화주의와 다른 점입니다. 나라와 사회를 유지하는 공통의 '소스'는 있지만, 그 아래에서 각각의 문화적 특성을 지킬 수 있도록 하는 것이지요.

'샐러드 볼'이라는 비유 역시 미국에서 나왔습니다. 미국을 주도하는 백인 사회를 형성한 용광로에서조차 배제된 비백인계 주민들은 소수자로서 차별받는 삶을 살고 있었습니다. 이들의 문화 전통과 언어도 미국 사회의 일부로 받아들여야 한다고 주장하면서 나온 것이 '샐러드 볼' 비유였습니다. 1960년대 무렵의 일로, 이런 생각이 미국 사회에서 받아들여진 것은 남녀평등, 인종차별 반대 등의 이념이 널리 퍼져 가

던 시대적 배경과 연관이 있습니다. 주류의 백인 사회만이 아닌 소수의 비백인계 문화도 인정하자는 인간 존중 정신의 맥락에서 이해되었던 것이지요.[3]

　개념은 미국에서 등장했지만, 이 유형에 가장 가까운 나라는 캐나다입니다. 앞에서 살펴본 대로 캐나다는 영어와 프랑스어를 공식 언어로 하고 있지만, 단일의 공식 문화를 정해 놓고 이를 기준으로 다른 소수 민족의 문화를 통합하려 하지 않습니다. 같은 국민으로서의 정체성을 갖도록 하면서도 여러 이주민들의 고유한 문화가 유지될 수 있도록 하지요.

　다문화주의는 다양한 이주민의 고유문화를 인정하고 장려하며, 소수 인종과 민족이 주류 사회로 흡수되는 '동화'가 아닌 '공존'을 지향합니다. 기존 국민의 문화만이 아니라 새로이 합류한 이주민들의 문화 역시 가치가 있으며 존중되어야 한다고 보기 때문입니다. 이런 정책은 이주민들이 자신의 고유문화를 지키는 것을 인정하는 선에 그치기도 하고, 적극적으로 이를 장려하고 지원하기도 합니다.

　다문화주의를 수용하는 국가들은 이주민들에게 자국 문화에 동화될 것을 강요하지 않습니다. 그렇다고 이주민들이 모국에서 살던 것처럼 그대로 살게 내버려 두는 것은 아닙니다. 기존 국민들이 오랜 기간 만들어 온 국가의 전통과 특성을 중심으로 공존할 수 있도록 모색합니다. 출신 민족이나 문화적 전통은 다를지라도 같은 국민으로서의 정체성을 공유할 수 있도록 하는 것이지요.

올바른 다문화 관점은 뭘까?

지금까지 다문화에 대한 입장이나 태도를 '차별과 배제', '동화주의', '다문화주의'라는 세 가지 유형으로 살펴봤습니다. 이러한 유형들은 나라마다 나타나는 조건과 배경이 각기 다르기에 어느 하나로 고정되어 있지는 않아요. 독일이나 일본의 경우처럼 차별과 배제를 지향하던 나라들도 차츰 변하고 있으며, 반대로 다문화주의를 선택한 국가도 모두 올곧게 그 태도를 지키고 있지 못합니다. 사회와 경제 상황이나 여론 등의 변화에 따라 다문화주의 정책을 적극적으로 추진하기도 하고 그 반대의 모습을 보이기도 하고요.

현재 한국의 다문화 정책은 어느 유형에 해당할까요? 여러분은 다문화에 대한 적절하고 올바른 대응 태도가 무엇이라고 생각하나요? 만약 다문화를 반대하는 사람이라면 차별과 배제 유형이 올바른 대응 태도라고 생각할 테지요. 다문화를 긍정하는 사람일지라도 동화주의나 다문화주의 사이에서 의견이 다를 수 있고요. 그럼 이제 우리가 살펴본 다문화에 대한 세 가지 유형을 통해 우리가 어떤 태도를 취해야하는지 살펴볼까요?

먼저 다문화에 대한 차별과 배제 유형은 단일민족 국가로서 정체성을 유지하고 다문화에 따른 갈등을 차단할 수 있다는 장점이 있습니다. 갈등을 피하겠다고 문을 꼭 닫아 잠그는 것과 같은 것이지요. 하지만 이를 국가 정책으로 유지하는 나라는 많지 않아요. 그런 정책을 고수하기에 다문화라는 변화가 이미 현실이 되었기 때문입니다. 물론 국가 정책과 상관없이 이런 태도를 고집하는 사람들도 있습니다. 대표적 사례가 유럽과 러시아의 골칫거리인 '네오나치'나 '스킨헤드'입니다. 두피가 완전히 드러나도록 머리를 민 러시아의 스킨헤드는 백인 우월주의자들로 외국인 혐오를 폭력이나 살인과 같은 극단적인 행동으로 드러내기도 합니다. 이들의 폭력은 모든 외국인이 아니라 이른바 유색인종에게 가해집니다. 몇 년 전 한국인 유학생이 이들에 의해 칼에 찔리고 폭행을 당하기도 했지요. 스킨헤드처럼 폭력을 행사하지는 않지만, 한국의 반다문화론자의 태도도 이러한 차별과 배제 유형에 속한다고 할 수 있습니다.

그럼 동화주의는 어떨까요? 동화주의 유형은 외국인이 증가하는 현실을 받아들인다는 점에서, 그리고 외국인 혐오나 인종차별을 긍정하지 않는다는 점에서 차별과 배제 유형의 태도와는 다릅니다. 하지만 현실에서 나타나는 결과로 보면 동화주의 역시 차별과 배제 태도와 크게 다르지 않아요. 동화란 다르던 것이 서로 같아지는 것이잖아요. 한 국민으로서 통합 국가를 지향한다는 점에서는 차별과 배제 유형과 같은 것이지요. 자국의 정체성을 중심으로 한 동화의 기준이 이미 정해져 있고, 이 기준에서 벗어나는 다른 문화적 특성은 배제하는 것이니까요. 이주민이 간직하고 있는 문화적 특성은 새로운 나라의 국민이 되는 순간에 버리고 바꿔야 하는 낡은 것에 불과해집니다. 이주민 입장에서는 자신의 부모 세대로부터 물려받은 문화적 특성을 자신의 자녀에게 전승하기 어렵다는 불만이 있습니다. 또 동화주의 정책에 잘 따른다 해도 겉으로 드러나는 피부색 등 외모의 차이로 인한 차별이 있어 그 나라의 기존 국민들과 동등한 대우를 받지 못한다는 불만도 나타납니다. 결국 이주민은 '2등 국민' 혹은 어느 쪽에도 완전히 속하지 못하는 주변인이 되고 마는 것이지요. 동화주의는 오랜 기간 지켜온 그 국가의 문화적 정체성을 고수할 수 있다는 점에서 기존의 국민을 설득하기에 편리합니다. 차별과 배제 역시 보수 성향을 가진 국민들의 지지를 받는 데 유리하겠지요.

그럼 다문화주의는 어떨까요? 다문화가 나타나는 나라들은 공통적으로 자국의 필요에 따라 외국인 노동자와 이민을 받아들였습니다. 경제발전을 위해 노동력이 절실히 필요했기 때문이지요. 그래서 다른 인종, 민족 출신의 사람들이 늘어나는 것은 당연하며, 이들에게서 이주해 간 새로운 나라에 정착해 살아가려는 기대가 형성되는 것 역시 자연스러운 일입니다. 결국 다문화는 타국의 노동력이 필요했던 국가와 그곳에서 새로운 삶을 희망한 사람들의 서로 다른 기대가 결합하면서 시작된 현상이라 할 수 있습니다. 이주민을 받아들이는 국가의 필요만도 아니고, 그 나라에서 새로운 삶을 꿈꾼 사람들의 기대만도 아닌 각각의 필요와 기대가 만나 이루어진 것이지요.

차별과 배제나 동화주의는 다문화가 이러한 요구가 결합된 산물이란 점을 외면하거나 무시하는 태도입니다. 외국 노동력을 수입한 자국의 필요만 생각할 뿐, 그렇게 해서 자기 나라에 들어오게 된 사람들의 입장이나 처지는 생각하지 않는 것입니다. 자국민과 다른 문화적 특성을 가진 사람들이 있다는 사실을 애써 인정하지 않거나, 자국의 문화에 맞추라고 요구하는 것 모두 이주민들 입장에서는 불만스러울 수밖에 없습니다. 자신의 존재와 문화적 특성을 부정하는 것으로 여겨져 거부감을 갖고 반발하게 되는 것이지요.

다문화주의는 이러한 태도에 대한 반성에서 나왔습니다. 이주민의 처지와 그들의 기대를 인정하고 고려해야 한다는 것이지요. 다문화에 대응하는 태도 중 가장 합리적이라는 평가를 받고 있지만, 그렇다고 다문화주의에 대해 이견이 없는 것은 아닙니다. 다문화주의가 국민 통합을 이루는 데 방해가 된다는 생각 때문입니다. 한 국가에 서로 다른 인종과 민족이 섞여 있으면 국민 분열과 대립을 일으킬 수 있다는 것이지요. 국민 통합이 인종과 민족이 동일해야 가능한 것이라면 다문화에 놓인 세계 대부분의 나라들은 국민 분열 속에 있어야 합니다. 하지만 현실은 그렇지 않습니다. 물론 한 나라가 같은 문화와 역사를 공유하는 단일민족으로 유지되고 있다면 국민 통합에 유리하겠지요. 그러나 그것이 국민 통합을 이루는 절대 조건이라고 할 수는 없습니다. 다문화를 먼저 겪고 있는 나라들은 이를 부정하기보다는 다문화라는 조건에서 어떻게 국민 통합을 이룰 것인가를 고민하고 있습니다. 그것이 보다 합리적인 태도이지 않을까요?

다문화주의에 대한 반대 의견은 서로 다른 인종과 민족이 한 국가 안에서 섞여 살아가는 것 자체에 대한 의문과 연결되어 있습니다. 또 이주민을 내국인과 동등하게 대우해야 하는가 하는 의문과도 연결되어 있습니다. 이에 대해서는 다음 장에서 다문화주의를 중심으로 자세히 살펴보도록 하지요.

2

왜 다문화주의일까

조에족과 자파테크족

어른이고 아이고 그들은 전혀 옷을 입지 않는 알몸으로 생활합니다. 밀림에서 함께 사냥하여 공평하게 나눠 먹습니다. 한 쌍의 남녀가 아닌 여러 명이 남편과 아내로 이루어지는 결혼 생활을 합니다. 이들은 아랫입술 쪽 턱을 뚫어 기다란 나뭇조각을 끼워 넣는 '뽀뚜루'를 자랑스럽게 여길 뿐, 재물이나 지위에 대한 욕심이 없습니다.

몇 년 전에 큰 관심을 받았던 다큐멘터리 〈아마존의 눈물〉에 소개된 조에족이 사는 모습입니다. 이들이 사는 모습을 어떻게 생각하나요? 문명의 혜택을 누리지 못하는 미개한 사람들로 보이나요? 아니면 자연 그대로의 삶을 사는 순수한 사람들로 생각되나요? 이들에게 우리가 사는 방식대로, 이른바 문명화된 삶을 살게 하면 어떻게 될까요?

조에족처럼 아마존 유역에서 벌거벗은 모습으로 살던 자파테크라는 부족이 있었습니다. 이들을 처음 본 유럽인들은 강제로 옷을 입게 했습니다. 지금도 그렇지만 20세기 유럽인들에게 옷을 벗고 있는 것은 매우 부끄러운 일이었지요. 그럼 옷을 입은 자파테크족은 유럽인들이 바라던 대로 문명인이 되었을까요? 유럽인들에게는 그렇게 보였을지 모르지만 자파테크족은 오히려 큰 시련을 당했습니다. 신분을 드러내던 다양한 문신이 옷에 가려지면서 사회적 혼란이 일어났지요. 또 덥고 습한 환경에 적응하기 위해 알몸으로 생활한 것인데 억지로 옷을 입게 되면서 피부병 등을 앓게 되었고, 종국에는 부족민 대부분이 죽고 말았습니다.

자파테크족에게 옷을 입게 한 유럽인들은 자기 문화를 기준으로 이들을 대했습니다. 이러한 태도를 '자문화중심주의'라고 합니다. 서로 다른 문화적 차이를 인정하지 않은 채 자기 문화를 중심으로 다른 문화를 재단하려는 태도이지요. 이러한 관점에서는 자기 민족의 문화는 뛰어나고 다른 민족의 문화는 열등한 것으로 보게 됩니다. 자신의 문화와 조금이라도 다른 문화를 올바르지 않은 것으로 여겨 무시하고 업신여기게 됩니다. 음식을 손으로 집어 먹는 것은 야만이고, 옷을 입지 않고 다니거나 반대로 얼굴까지 가리는 것은 미개한 것이 되어 버리지요. 과연 이런 생각을 올바르다고 할 수 있을까요? 누군가 자신의

문화를 기준으로 한국의 문화가 열등하다고 판단한다면 우리는 이를 받아들일 수 있을까요? 내 기준으로 다른 사람의 문화를 폄하하는 태도를 올바르다고 할 수는 없습니다. 반대로 상대방 기준으로 내 문화를 평가한다면 갈등이 일어날 수밖에 없습니다. 자문화중심주의는 문화와 역사에 대한 잘못된 이해입니다.

문화란 각 나라 혹은 지역의 사람들이 공통으로 유지하고 있는 종합적인 생활양식을 의미합니다. 한국 문화라면 쌀과 김치, 된장을 주로 먹고 한복을 입으며, 기와집과 초가집에서 살던 것을 떠올리겠지요. 한글을 쓰고 효를 강조하는 유교적 가치관이 널리 퍼져 있는 것도 빼놓을 수 없습니다. 이렇게 문화는 음식이나 옷, 주거 등 살아가는 데 필요한 요소들을 얻고 사용하는 방식과 함께 풍습이나 도덕, 종교 등을 포괄합니다. 한국인만큼 복잡하지 않을지언정, 조에족이나 자파테크족이 사는 모습 역시 문화입니다. 그들이 오랫동안 자연조건에 적응하여 살아오면서 형성된 삶의 양식이지요.

조에족과 한국인의 문화가 다른 것처럼 문화는 지역이나 민족마다 차이가 있습니다. 유럽과 아프리카가 다르고, 베트남인과 한국인의 문화가 다릅니다. 이러한 차이는 자연조건과 깊이 관련되어 있습니다. 조에족이 한반도에 살았다면 한국인과 비슷한 문화를 가졌을 것입니다. 그리고 문화의 차이는 문화가 변화하는 속도의 차이에도 영향을 받습니다. 자연조건의 영향을 많이 받거나 전통적인 문화를 오랫동안 유지하는 곳이 있는가 하면, 기술 발전을 토대로 문화가 빠르게 변화

■ 콩고강을 터전으로 살아가는 원시 부족 와게니아족은 대나무로 엮은 통발로 물고기를 낚는 옛날 방식을 고수하고 있다. 지구상에 남아 있는 원시 부족은 전 세계 인구의 5퍼센트 정도이다. 이들 가운데는 외부와의 접촉을 거부하며 자신들만의 방식으로 살아가는 부족이 많다. 지금까지도 세상에 알려지지 않은 비접촉 부족은 아마존과 뉴기니, 안다만 제도에 걸쳐 200여 부족 가까이 된다. 외부에서는 이들 부족들이 거주하는 자연환경을 개발한다는 명목으로 이들의 생존권까지 위협하고 있다.

하는 곳도 있는 것이지요. 아마존의 조에족은 밀림에서 자연 그대로의 삶을 수백 세대에 걸쳐 유지하고 있는 데 반해, 한국인들은 급격한 사회 변화로 생활양식이 빠르게 바뀌어 세대 간 문화 차이를 느끼고 있으니까요.

서로 다른 문화가 만나면 그 이질성 때문에 갈등을 빚기도 합니다. 하지만 문화적 차이로 갈등이 일어나는 이유는 대개 차이 자체보다 차이를 대하는 관점이 다르기 때문이에요. 우리와 다른 조에족의 문화를 어떤 관점으로 보고 대해야 하는가의 문제인 것이지요. 자문화중심주의는 이를 우월한 문화와 미개한 문화의 차이로 봅니다. 중국이 주변 나라를 오랑캐라 멸시한 것이나 유럽이 아프리카를, 일제가 조선을 대한 태도가 그랬습니다. 이런 관점은 역사에서 보듯이 대립과 갈등을 불러일으킵니다. 침략과 식민지 지배의 명분이 되어 왔으니까요.

자문화중심주의를 반성하면서 나온 것이 '문화상대주의'입니다. 문화상대주의는 자기 문화의 절대적 기준으로 다른 문화를 평가하거나 판단하지 않는 관점입니다. 모든 문화는 나름의 자연조건과 사회적 선택 속에서 이뤄진 것이기에 문화적 다양성을 인정해야 한다는 것이지요. 이러한 관점에서는 자국의 문화만이 우월하다는 생각이나, 이를 근거로 다른 문화를 무시하거나 배척하는 행동이 용납되지 않습니다.

자문화중심주의는 다른 나라와 민족이 자기 문화를 모방하는 것은 자랑스러워하면서도 다른 문화가 섞여 들어오는 것은 싫어합니다. 우수한 자국 문화가 저급한 다른 문화와 만나는 것이기 때문입니다.

이러한 관점에서 다문화는 자국 문화의 우월성과 순수성을 해치는 위험하고 불쾌한 일입니다. 다문화에 대응하는 차별과 배제 또는 동화주의 유형은 자문화중심주의 관점에 서 있는 것이라 할 수 있습니다. 이렇게 문화를 대하는 폐쇄적이고 대립적인 관점은 그 사회에서 소수 문화를 가진 사람들의 반발을 낳고 사회적 갈등을 일으킵니다.

이와 달리 다문화주의는 문화상대주의의 관점에 기초하고 있습니다. 이 관점에서 다문화는 한 나라 안에 다양한 문화적 특성이 공존하는 것입니다. 그리고 다양한 문화들은 그 자체로 존중되어야 합니다. 서로 다른 문화 사이에 우열은 없으니까요. 따라서 기존 국민(민족)의 문화가 아닌 소수 민족의 문화라 할지라도 배격하거나 동화시켜야 할 대상으로 보지 않는 것이지요.

진짜 '우리 것'이
있을까?

자문화중심주의는 자기 나라 문화의 순수성을 지킨다는 이유로 다른 인종과 민족이 자신의 땅에서 그들의 고유한 문화를 지키는 것을 용납하지 못합니다. 그러나 이런 생각이 인정받으려면 우선 자기 나라의 문화가 순수하다는 것을 입증해야 합니다. 이것이 가능할까요? 누구나 자기 나라와 민족의 문화가 다른 나라와 민족의 문화보다 뛰어나다는 긍지를 가질 수는 있어요. 하지만 이러한 태도가 문화적 순수성을 입증하는 것이라고는 말하기 어렵습니다. 오히려 순수한 문화란 없다고 말해야 합니다. 자국 문화의 순수성을 지킨다는 것은 없는 것을 지키겠다는 말과 같습니다. 왜 그럴까요? 예를 들어 설명해 보겠습니다.

중국요리 하면 어떤 음식이 가장 먼저 떠오르나요? 대부분 짜장면이 생각날 겁니다. 그런데 정작 중국에는 짜장면이 없다고 해요. 대신 중국에는 산둥지방 사람들의 음식인 작장면(炸醬麵)이 있습니다. 우리의 달고 고소한 짜장면과 달리 짜고 특이한 향신료 맛이 강한 것이 특징이랍니다. 이 작장면이 짜장면의 원조라고 하네요. 작장면은 중국식으로 발음하면 '자지앙미엔(zhájiàngmiàn)'인데, 한국인들의 귀에 '짜장면'으로 자리 잡은 것입니다. 이 작장면이 처음 들어온 것은 1882년 임오군란이 일어났을 때라고 합니다. 조선 정부의 요청을 받아 청나라 군대가 들어왔을 때 산둥 지방의 노동자들이 함께 왔다고 하는데요. 이들이 쉽고 간단하게 먹을 수 있는 요리였던 작장면이 인기를 끌었고, 이후 한국인의 입맛에 맞게 변해 한국의 대표적인 서민 음식으로 발전하게 된 것이지요. 우리가 먹는 짜장면은 중국 음식이 아니라 그것에 뿌리를 둔 한국 음식인 거예요.

짜장면 얘기를 하는 이유는 한 나라의 음식 문화는 오랜 기간을 통해 형성되어 발전해 온 것이고, 이 과정에 다른 나라의 음식 문화가 섞여 있기 때문이에요. 부대찌개가 한국의 김치찌개와 서양의 햄, 소시지 등이 합쳐진 음식인 것처럼 말이지요. 지금의 김치 역시 전통적인 김치에 임진왜란 이후 들어온 고추가 결합된 음식입니다. 음식 문화만이 아니라 의복도 마찬가지입니다. '백의민족'이라고 자부하는 한국인이지만 지금은 예의와 격식을 차리는 자리에서는 서양식 옷인 양복을 입지요. 미국 노동자들의 작업복이었던 청바지는 누구나 편하게 입는 일상복이 되었습니다. 또 현대 한국의 대표적인 집은 기와집도 초가집도 아닌 서양식 공동주택인 아파트입니다. 이것도 서양식 그대로가 아니라 전통적인 온돌방이 결합된 한국식 아파트입니다.

현재 우리가 향유하며 내세우고 있는 한국인의 문화를 순수하게 한국만의 것이라 말할 수는 없어요. 대부분 전통문화와 새로이 들어온 외래문화가 결합된 것이지요. 전통문화조차 다른 나라와 민족의 문화가 혼합되어 '우리 것'으로 자리 잡은 것입니다. 수천 년간 우리 선조들의 생각과 감정은 중국에서 온 한자를 통해 표현되고 기록되었습니다. 찬란하다고 말하는 문화예술의 대부분이 불교문화입니다. 불교는 인도에서 시작된 종교가 중국을 통해 전래된 것인데요. 그렇다고 중국과 한국의 문화가 같지는 않습니다. 같은 한자를 두고 중국인과 한국인은 다르게 읽습니다. 중국만큼 오랫동안 불교문화를 이루었으면서도 한국의 불상과 중국의 불상은 모습이 다릅니다. 한국 문화란 그렇게 외래문화를 받아들이고 그것을 한국의 환경과 정서에 맞게 발전시켜 온 결과물입니다.

한국만이 그런 것이 아니라 세계 모든 나라 문화의 특성이 그렇습니다. 서로 다른 문화적 요소들이 섞이고 영향을 주면서 발달해 온 것이 문화의 역사입니다. 그래서 어느 문화도 자신 있게 자기 문화의 순수성을 말하기는 어렵습니다. 문화는 끊임없이 다른 문화와 만나고 뒤섞이며 변화합니다. 이를 '문화변동'이라 하지요. 문화는 한 지역에 머물지 않고 자연스럽게 다른 곳으로 전해지고 퍼져 갑니다. 서로 다른 문화를 가진 사람들이 교류하고 이동하기 때문에 일어나는 '문화전파' 현상이지요. 문화변동은 문화전파에 의해 이뤄집니다.

사람들은 조상으로부터 물려받은 삶의 방식대로 살아가면서 다른 나라와 민족으로부터 새로운 문물을 접하게 됩니다. 그리고 그것을 받아들이기도 하고 배척하기도 하지요. 신라에 불교를 전파하려다 죽음을 맞게 된 이차돈(異次頓)의 사례나, 조선시대에 나라 문을 걸어 잠근 대원군의 쇄국 정책은 외래문화를

■ 조선 고종 때에는 서양의 여러 제국주의 국가들이 조선과의 통상과 수교를 요구하였다. 이에 몇 차례 서양 세력들의 침입을 막아 낸 대원군은 그들과 화친하는 것은 나라를 파는 것이라는 내용의 척화비를 전국 200여 곳에 세워 외세에 대한 경각심을 일깨우려 했다. 그 내용은 "洋夷侵犯 非戰則和 主和賣國(서양 오랑캐가 침입하는데, 싸우지 않으면 화친하자는 것이니, 화친을 주장함은 나라를 파는 것이다)"라는 큰 글자와 "戒我萬年子孫 丙寅作 辛未立(우리들의 만대 자손에게 경계하노라. 병인년에 짓고 신미년에 세우다)"라는 작은 글자로 이루어져 있다. 1871년 4월부터 전국에 세워진 척화비는 1882년 임오군란으로 대원군이 청나라로 납치되어 가고, 개국을 하게 되자 철거하거나 파묻혔다.

거부하려는 태도에서 나온 것입니다. 아무래도 자문화중심주의가 강할수록 이런 태도가 더욱 짙게 나타나겠지요? 자국 문화의 우수성이 미개한 문화와 섞여서는 안 된다고 여길 테니까요. 하지만 우물 안 개구리처럼 자국 문화만 대단하다고 여기며 지낼 수 있을까요? 대체로 이런 생각은 오랫동안 지속되기보다 일시적이고 특별한 시기에 나타나는 편입니다. 문화는 물처럼 흐르기에 새로운 문화가 스며드는 것을 늦출 수는 있어도 막기는 어렵습니다. 배척하기보다는 자연스럽게 외래문화를 받아들이는 과정에서 변화가 일어나는 것이 일반적인 현상입니다. 물론 그 과정이 순탄하지는 않겠지만요.

여러분 중에는 짜장면보다 햄버거를 더 좋아하는 사람이 있을 거예요. 그런데 한때 햄버거는 콜라와 함께 미국 문화의 침투를 상징하는 음식으로 인식돼 불매운동을 낳기도 했어요. 햄버거는 세계 많은 나라에서 판매되고 있지만, 미국식 그대로 팔리는 것만은 아니에요. 멕시코에서는 브리또와 결합하고, 인도에서는 쇠고기 대신 양고기를 넣고, 한국에서는 김치버거와 불고기버거로 재탄생하기도 합니다. 사실 햄버거는 독일 이민자들이 미국에 가져온 음식이고, 그 뿌리는 칭기즈칸 시절의 몽골에까지 이릅니다. 햄버거의 패티가 몽골 병사들이 먹던 '타타르 스테이크'를 익힌 것에서 시작되었다는 것인데요. 햄버거를 통해 다양한 음식 문화의 변화를 엿볼 수 있습니다.[4] 이렇듯 문화는 전파되고 변동이 일어나며, 기존의 문화와 결합해 새로운 형태로 발전하기도 합니다.

케이팝(K-pop)은 아시아 등 세계에서 인기를 얻고 있는 한국의 대중음악입니다. 하지만 'Korean-pop'이라고 해서 그것이 한국의 고유 문화일까요? 케이팝은 서양에서 들어와 한국화된 대중음악입니다. 이것이 다시 서양에서 인기를 얻고 있는 것인데요. 케이팝을 포함해 영화, 드라마 등 한국 대중문화의 열풍을 의미하는 한류도 마찬가지로 한국의 전통문화는 아닙니다. 서양에서 들어온 대중문화가 한국인 정서나 감성에 맞게 받아들여지고 바뀐 것들이고, 그렇게 새로이 형성된 한국의 대중문화가 다시 세계로 나아가 다른 나라, 특히 동남아시아 대중문화에 큰 영향을 주고 있는 것이지요.

한 사회에 나타나는 다문화는 이런 문화변동 과정으로 이해할 수 있습니다. 이전처럼 한국 문화에 큰 영향을 주었던 중국과 일본, 미국

중심의 문화가 아닌 보다 새로운 지역의 문화가 한국에 찾아온 것입니다. 서울의 이태원과 옌볜거리에서 풍기는 낯선 음식 냄새는 새로운 문화가 전파되어 왔음을 알리는 신호와 같습니다. 전통 요리와 외래 요리를 섞고 변형시켜 다양한 퓨전 요리가 나오는 것은 이질적인 문화를 우리의 방식으로 수용하는 창조적인 노력입니다. 다문화주의는 문화변동 과정으로서 다문화를 무시하거나 억압하지 않고 받아들이는 태도입니다. 서로 다른 문화가 자연스럽게 섞이면서 발전하는 문화의 특성을 잘 이해하고 있는 관점인 것입니다.

세계화와 다문화는 닮은꼴

한류는 한국 국민에게 자부심을 느끼게 합니다. 영화와 텔레비전 드라마, 예능 프로그램 그리고 케이팝 등의 대중문화가 한류 열풍을 이끌고 있습니다. 한국 드라마가 방영될 때에는 거리가 한산해지고, 이른바 한류 스타가 방문하면 공항이 마비된다는 말이 나올 정도로 한국 대중문화가 다른 나라에서 큰 인기를 누리고 있습니다. 한국 연예인들의 옷차림이나 장신구를 따라 하는 것은 물론, 드라마에 나온 대사를 좇아 치킨과 맥주를 함께 먹는 '치맥'과 같은 한국의 음식 문화까지 호응을 얻고 있지요. 한류 열풍이 세계 여러 나라 사람들의 생활 속으로 파고들고 있음을 알 수 있어요. "한국 문화의 저력이 세계를 무대로 활발히 뻗어 나갈 수 있는 가능성을 보여 주는 것",[5] 한류 현상이 일어나던 때에 정부의 한 고위 관리는 이렇게 말했다지요. '한류'라는 말이 특정 국가의 문화가 해외에서 인기를 얻는 현상을 설명할 때 사용하는 일본식 표현이라는 지적도 있지만, 한류는 이제 한국 대중문화의 세계화를 이르는 공식 용어가 되고 있습니다. 많은 한국인들이 자랑스럽게 여길 만하지요?

여러분은 세계화라는 말을 많이 들어 봤지요? '세계화'라는 표현은 수십 년 전부터 한국인들의 생각에 크게 영향을 준 말입니다. '세계화' 또는 '세계화 시대'라는 말은 모든 가치 판단의 전제 조건이 되었지요. 세계화 시대에 맞게 행동해야 하고, 세계화 시대에 어울리는 사람이 되어야 했습니다. 그렇지 않으면 시대에 뒤처지는 사람으로 평가되었지요. 중동과 아프리카 등 지구촌 각지에서 경제활동을 하는 기업과 사람들은 세계화 시대의 첨병이며, 미국이나 유럽에서 운동선수로 활동하는 사람들은 세계화 시대의 영웅 대접을 받았습니다. 그리고 현재까지도 세계화는 한국인이 추구해야 할 일종의 바람직한 가치로 여겨지고 있어요. 마치 한민족의 기상을 세계에 널리 알리는 계기로 생각하기도 했습니다.

세계화란 사람들 사이의 상호작용이 한 국가와 지역을 넘어 이뤄지는 것을 말합니다. 정치, 경제, 문화 등 다양한 활동이 한 나라 안에서만이 아니라 다른 여러 나라들과 교류를 통해 이뤄지는 현상을 뜻하지요. 물론 이런 현상은 아주 오래전부터 있어 왔습니다. 특별히 활발하던 때가 있고 그렇지 않은 때가 있을 뿐입니다. 다문화라는 말이 생겨나기 전부터 다문화라는 사회 현상이 있어 왔던 것처럼 말이지요.

교통과 통신이 발달할수록 세계화는 더욱 활발하게 이뤄집니다. 어느 때보다 급속도로 교통과 통신 수단이 발달한 현대는 세계화를 지구촌 전체의 현상으로 만들고 있습니다. 인터넷과 스마트폰을 통해 누구든지 다른 나라 기업과 거래하고 먼 대륙의 사람들과 소통할 수 있습니다. 세계화는 기업과 국가의 일만이 아니라 개인의 일상이 되고 있습니다.

세계화가 이뤄지는 이유는 무엇일까요? 생각해 보면 간단합니다. 모든 사람들이 더 나은 삶을 살려 하고, 그 노력이 한 나라에 머물지 않기 때문입니다. 사람들은 더 좋은 삶의 기회가 있다면 다른 나라로 가는 것을 마다하지 않습니다. 그래서 기업의 해외 진출이 늘고 이주민이 증가하는 것입니다. 또 다른 이유는 세계 여러 나라의 활동이 서로 엮여 있기 때문입니다. 한국이 중국의 농산물에 의존하고, 미국이나 유럽이 한국의 공산품에 의존하는 것처럼, 세계 각국의 정치와 경제, 문화 등이 서로 도움을 주고받을 수밖에 없는 처지에 놓인 것이지요. 이는 세계화의 결과이지만, 세계화가 지속되고 강화되는 원인이기도 합니다.

세계화는 사람들 사이의 상호작용이라고 한 말 기억하지요? 상호작용은 어느 한쪽의 작용만이 아니라 상대편의 작용도 있다는 것입니다. 한국의 운동선수들이 외국에 나가서 뛰는 것도 세계화이고, 한국

스포츠팀에서 활약하는 외국인 선수들 역시 세계화의 한 모습입니다. 한국인이 해외로 나가 활동하는 것도, 외국인들이 한국에서 일하는 것도 모두 세계화입니다. 한쪽 시각만으로는 세계화를 제대로 살필 수 없다는 것이지요. 이를 다문화에 적용해 보면 어떨까요? 다문화를 반대하는 사람들은 한국인이 외국에 나가는 것을 반대하지 않으면서 외국인이 한국에 오는 것은 싫어합니다. 한국인이 중국에서 기업 활동을 하면 국위선양이고, 중국인이 한국에서 일하는 것은 사회문제라는 것이지요. 이런 태도가 이중적임은 앞에서도 살펴보았습니다.

앞에서 살펴본 문화변동은 세계화에 따른 것이라 할 수 있습니다. 서로 다른 문화 전통을 지닌 사람들이 어떤 이유로든 끊임없이 만나서 교류하기 때문에 일어나는 변화인 것이지요. 그렇다면 다문화는요? 맞습니다. 다문화 역시 세계화에 의한 현상입니다. 세계화 시대에 국가 간 경계를 넘어 사람들이 활발하게 이동하면서 일어난 결과입니다. 그래서 한국 사람이 외국에 나가는 것이 한국인의 세계화이듯, 베트남과 중국 사람이 한국에 오는 것은 그들의 세계화입니다.

세계화와 다문화는 같은 현상이라 할 수 있습니다. 한국인이 해외로 나가는 것을 세계화라며 박수치면서 외국인이 한국에 들어오는 것을 다문화라고 반대하는 것은 앞뒤가 맞지 않는 행동입니다. 다문화를 반대하려면 세계화도 반대해야 하지 않을까요? 그렇다면 안팎으로 모든 문을 걸어 잠그고 한국인끼리만 살아가는 것을 꿈꿔야지요. 하지만 그런 꿈은 누구도 꾸지 않으며, 원한다 해도 실현될 수 없습니다. 한국은 세계화 흐름의 중심에 있는 나라니까요. 세계화를 통한 발전을 외치는 나라이며, 세계화가 활발하게 이뤄지는 곳입니다.

중국인을 비롯해 많은 외국인들이 한국으로 이주해 오는 것은 한국이 경제적으로 성공한 나라이기 때문입니다. 많은 자본과 발전된 기술이 있으며, 수많은 상품이 드나드는 곳입니다. 경제 수준이 높지 않은 나라 사람들에게는 부러운 나라이며, 더 많은 경제적 기회가 있는 땅입니다. 또 한국은 대중문화가 발달한, 한류의 발원지입니다. 다양한 방면의 흥미로운 볼거리가 넘쳐 나고, 화려한 외모와 재능을 가진 수많은 연예인들이 많은 사람들의 관심을 이끄는 곳입니다. 한국은 경제, 문화 전반에 걸쳐 세계화의 중심에 있는 나라로, 특히 아시아인들이 한국에 관심을 갖고 한국으로 오고자 하는 것은 자연스러운 일이지 않을까요? 한국 역시 외국인들의 관심을 필요로 합니다. 아시아 젊은이들의 환호가 있기에 한류가 퍼져 가는 것처럼 경제발전을 위해 외국인들의 일손을 필요로 합니다.

한국 경제의 적지 않은 분야에서 외국인 노동자들을 필요로 합니다. 문화가 고정되어 있지 않듯이 노동 역시 필요가 있는 곳으로 이동합니다. 이는 한국만의 특별한 현상이 아닙니다. 지금 이 순간에도 세계 곳곳에서 서로 영향을 주고받으며 일어나고 있는, 앞으로도 계속 벌어질 일입니다. 한국의 필요로 시작된 일만도 아니고, 한국만의 일방적인 결정으로 멈출 수 있는 일도 아니지요. 그래서 다문화는 세계화입니다. 그리고 다문화주의는 이를 있는 그대로 받아들이려는 관점입니다.

■ 한류는 한국의 대중문화가 아시아를 중심으로 외국
에서 인기를 얻게 된 현상을 일컫는다. 현재에는 아시아
뿐만 아니라 프랑스, 독일, 미국 등 유럽과 아메리카 대
륙의 여러 나라에서 '한류 열풍'을 일으키고 있다. 사진
은 프랑스 파리에서 열린 케이팝 공연을 응원하는 프랑
스 관객들 모습.

인권은 인간으로서 타고난 권리, 그래서 인간이라면 누구든지 당연히 누려야 할 기본적 권리를 말합니다. 사회에서의 지위나 경제력은 물론 인종이나 성별에 관계없이 모든 인간에게 가장 우선적으로 보장되는 권리입니다. 그렇기에 인권을 기본권이라고도 하는데, 보통의 경우 자유와 평등의 권리를 말합니다.

자유란 인간이 자기 삶의 방향과 가치를 스스로의 의지에 따라 선택하는 것을 말합니다. 어떤 삶을 살지, 어떻게 사는 것을 보람과 가치 있는 삶으로 볼지를 자신의 뜻에 따라 정하는 것이지요. 그 선택에는 당연히 어떠한 차별이나 불이익도 없어야 합니다. 대학에 가지 않았다고 해서 무시당하거나, 높은 지위나 돈을 많이 버는 일이 아닌 어려운 사람을 돕는 일을 선택했다고 해서 따돌림 받지 않아야 합니다. 어떤 선택을 하는 데 차별이나 불이익의 두려움이 있다면 자유롭게 선택하기 어려울 테니까요.

인간이 기본적으로 누리는 자유에는 언어, 예술, 종교 등과 같은 문화 양식도 포함됩니다. 문화적 자유란 자신의 문화 정체성이나 지향을 마음껏 선택하고 바꿀 자유가 누구에게나 있다는 뜻입니다. 자신이 어떠한 문화적 전통과 관습대로 살지를 스스로 결정하고, 그로 인해 어떠한 차별이나 불이익을 받아서는 안 된다는 것이지요. 대표적으로 종교의 자유가 있습니다. 십자가 목걸이를 했다고 체포하지 않는 것처럼 히잡을 했다고 쫓겨나서는 안 됩니다. 추석을 쇠든 추수감사절을 지내든 혹은 라마단(이슬람에서 행하는 한 달가량의 금식 기도 기간)을 지키든, 한복을 입든 치파오를 입든 그것은 개인의 자유인 것이지요.

다문화는 한 사회에 서로 다른 문화 정체성을 가진 사람들이 모여 살고 있는 사회 현상입니다. 기존 국민 다수의 주류 문화만이 아니라 새로이 합류한 이주민들의 문화가 어우러지는 것이 다문화 사회입니다. 그리고 서로 다른 문화를 가진 사람들이 각자의 문화를 스스로의 뜻에 따라 유지할 수 있도록 하는 것이 다문화주의입니다. 다문화주의는 소수 인종과 민족의 구성원들이 자신의 고유한 문화를 지킬 수 있도록 문화적 자유와 인권을 보장하는 것입니다. 이를 실현하려면 서로 다른 문화 사이에 불평등이 없어야 하겠지요. 그러려면 자기 문화를 기준으로 다른 문화를 평가하거나 판단하지 않는 문화상대주의 관점이 필요합니다. 다양한 모든 문화가 그 자체로 존중받아야 하니까요. 가난한 나라, 소수 민족의 문화라고 해서 미개한 것으로 취급하거나 차별해서는 안 됩니다. 우리가 한국인으로서 한국 문화를 자랑스럽게 생각하는 것처럼, 다른 나라에서 온 사람들 역시 자신의 문화에 대한 긍지를 갖고 있습니다. 자신의 문화가 존중받지 못하고 무시당하면 그들은 위축되고 자존감에 상처를 받을 수 있겠지요.

문화는 인간이 정체성을 형성하는 데 중요한 역할을 합니다. 사회에서 자신의 가치와 의미를 규정하는 데 커다란 영향을 끼칩니다. 문화란 삶의 방향과 가치를 이해하고 식별하는 '안경'과 같습니다. 어떤

■ 단풍은 저마다의 모양과 빛깔로 어우러져 아름답다. 다문화 역시 서로 다
른 문화가 존중되고 공존할 수 있을 때 더욱 풍요로운 사회로 발전할 수 있다.

삶을 바람직하게 여기고 선망하는지는 사람마다 다를 수 있는데, 이 차이는 그가 속해 있거나 경험한 문화에 큰 영향을 받습니다. 정체성은 한 인간이 사회에서 주체성을 갖고 살아가는 바탕이 됩니다. 주체성을 갖는다는 것은 자기 삶의 주인으로서 의식을 갖고 살아가는 것을 말합니다. 다른 사람의 말이나 시선에 휘둘리지 않고 스스로의 의지와 판단에 따라 살아가는 것이지요. 주체성은 삶에서 행복감을 얻는 데 꼭 필요합니다. 남의 뜻과 결정에 따라 살아가는 사람이 행복할 수 있을까요? 문화가 다르다는 이유만으로 차별받는다면 문화를 바탕으로 형성된 주체성마저 위협받을 수 있겠지요. 결국 자기 문화에 대한 자긍심을 잃고 스스로의 정체성을 의심하고 동요할 수 있습니다. 사회에서 자신의 가치와 의미마저 부정당한다면 자신의 삶을 스스로의 의지와 판단에 따라 살아가는 것이 불가능하지 않을까요?

인권을 존중한다는 말은 개인이 자기 삶의 주인이 되고자 하는 의지를 지켜 준다는 것입니다. 그래서 다문화는 곧 인권 문제와도 연결되어 있습니다. 자신이 어떤 문화에 속할 것인지를 스스로 결정할 수 있도록 하는 것이지요. 사회 구성원 다수의 문화를 따르는 것도, 조상으로부터 물려받은 문화를 지키는 것도 그의 자유이고 권리입니다. 문화를 선택할 자유는 한국 사회를 구성하는 국민 다수의 문화, 한국 문화만이 아니라 새로이 합류한 이주민들의 문화 역시 존중되어야 가능합니다. 한국인이 자기 문화를 지킬 권리만큼 이주민들이 자기 문화를 지킬 권리도 존중되어야 하는 것이지요.

현대의 다문화주의는 서양에서 등장한 생각이지만, 그 사상의 뿌리는 우리 역사에도 있습니다.

환인의 아들 환웅은 자주 하늘 아래 세상에 뜻을 두고 인간 세상을 꿈꾸었다. 아버지가 그의 뜻을 알고 태백산 지역을 내려다보니 인간 세상을 널리 이롭게 할 만하였다. 그래서 세상을 다스리기 위한 증표 세 개를 주고 내려보내 인간 세상을 다스리게 하였다.

여러분이 잘 알고 있는 단군신화, 바로 한민족의 건국신화 내용입니다. 이렇게 인간 세상에 내려온 환웅이 곰과 호랑이를 만나고, 단군이 태어나게 되는 것이지요. 《삼국유사》에 실린 고조선의 건국신화에는 한국인들이 자랑스럽게 여기는 건국이념이 담겨 있어요. 건국이념이란 나라를 세운 동기와 목적을 담고 있는 정신을 의미합니다. 한 나라가 지향하는 이상적인 가치라 할 수 있지요. 단군신화에는 이러한 건국이념이 '널리 인간을 이롭게 하다'라는 뜻의 홍익인간(弘益人間)이라는 말에 제시되어 있습니다. 홍익인간 이념을 학자들은 인본주의 사상이라고도 합니다. 나라를 세우고 운영하는 최고의 목표를 인간의 존엄과 가치에 둔다는 의미이지요. 앞에서 본 인권 존중 사상과 통하는 사상이라 할 수 있습니다.

'널리 이롭게 하다'라는 말은 무슨 뜻일까요? 인간의 이익을 넓고 다양하게 추구하라는 말일까요? 그보다 '널리'라는 말에 주목해 보면,

인간에 차별을 두지 않는다는 의미로 볼 수 있습니다. 나와 우리만이 아니라 그 경계 너머에 있는 다른 인종이나 민족 모두를 포괄한, 즉 모든 인간을 차별하지 않고 동등하게 대우한다는 것이지요. 어디서 많이 들어 본 표현이지 않나요? 지금까지 다문화주의는 모든 문화를 차별하지 않고 동등하게 대우하는 것이라고 말했지요. 이렇게 볼 때 다문화주의는 홍익인간의 건국이념, 인본주의 사상과 맥이 닿는다고 볼 수 있지 않을까요?

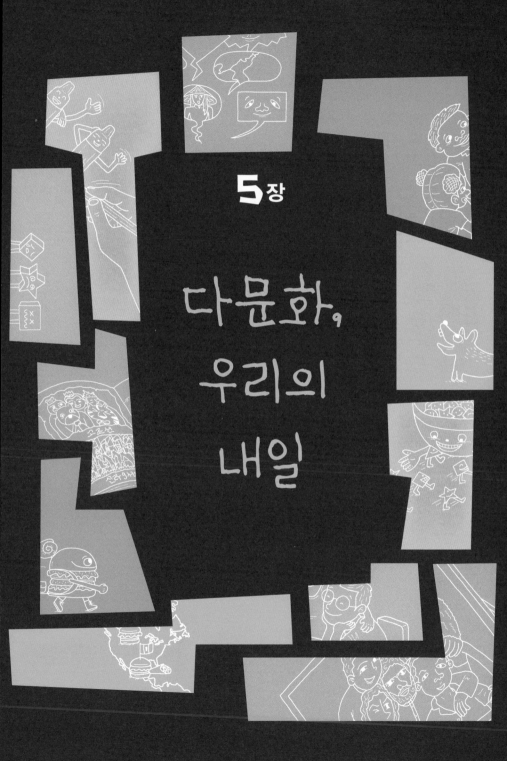

5장

다문화,
우리의
내일

1

다문화에 따른 역할과 태도

다문화 시대를 산다는 것

　　21세기를 '이민의 시대'라고 합니다. 유엔 발표에 따르면 세계 인구의 3.3퍼센트에 해당하는 2억여 명이 모국을 떠나 타지에서 생활한다고 합니다.[1] 이들은 주로 유럽과 미국으로 많이 이주했지만, 그중 일부가 한국에도 왔습니다. 한국을 떠나 외국으로 이주한 한국인들도 꽤 있습니다. 그 수가 지난 10년간 20만을 넘는다고 합니다.[2] 보다 나은 삶을 기대하며 떠난 이들 역시 다른 이주민들처럼 낯선 곳에서 쉽지 않은 타향살이를 시작했겠지요? 그곳 주민들은 이들을 어떤 태도로 맞았을까요? 어쩌다 눈이 마주칠 때 지나가는 미소라도 보였을까요, 아니면 불만과 경계의 눈빛을 보냈을까요?

우리는 다문화 시대에 살고 있습니다. 이미 수많은 이주민들이 몰려 있는 여러 선진국들처럼 말이지요. 다문화 시대에 살고 있다는 것은 다문화가 남북통일, 지역감정, 빈부 격차 등 여느 굵직한 사회 문제처럼 한국 사회의 새로운 과제가 되고 있다는 뜻이기도 합니다. 그래서 우리는 스스로에게 진지하게 물어야 합니다. '다문화 대한민국의 미래를 밝게 하려면 우리는 어떤 생각과 태도를 가져야 하는가?'

10여 년 전부터 정부는 적극적으로 다문화를 지원하는 정책을 펼치고 있습니다. 언론에서도 다양한 보도를 통해 홍보한 덕분에 다문화에 대한 우리 사회의 현실 인식은 비교적 높은 편입니다. 2013년에 국민 천 명을 대상으로 다문화 인식을 조사한 여론조사에서는 응답자의 82.9퍼센트가 한국이 다문화 국가라 생각한다고 하네요. 2010년의 여론조사 결과인 74.7퍼센트와 단순 비교하면 우리 사회의 다문화 인식이 그만큼 높아진 것이지요.[3] 외국인 노동자 등 해외 이주민이 늘고, 거리나 방송에서 이들의 모습을 보는 기회가 많아졌기 때문인 듯합니다.

하지만 국민의 다문화 인식이 높은 것과 달리 '다문화 수용성'은 상대적으로 낮습니다. 다문화 수용성이란 다문화를 편견과 차별 없이 받아들이고 조화롭게 공존하려는 태도가 어느 정도인지를 살펴보는 것인데요. 쉽게 설명하면, 100점을 기준으로 지수가 높을수록 다문화에 대한 편견과 차별이 적다는 것을 뜻하지요. 한국인 대다수는 다문화 사회로의 변화는 인식하고 있지만, 다른 인종이나 문화에 대해서는 여전히 편견과 차별적 태도가 강하다고 해요. 이주민들을 우리 사회의

한 구성원으로 받아들이는 태도는 여전히 낮은 수준에 머물러 있지요. 2015년에 여성가족부가 발표한 자료에 따르면, 다문화 수용성 지수는 53.9점에 불과합니다. '어느 국가든 다양한 인종, 종교, 문화가 공존하는 것이 좋다'라고 생각하는 문화 공존에 대해서는 44.4퍼센트만 찬성하고 있어요. 유럽 18개 나라의 조사 결과인 73.8퍼센트와 비교하면 큰 차이입니다.[4] 이주민을 이웃으로 삼고 싶지 않다는 인식도 31.8퍼센트로 10퍼센트 안팎의 미국이나 호주에 비해 높은 편이지요.

한국 사회가 다문화 사회로 접어들었다는 것은 사실로 받아들이고 있으나, 우리 곁에 온 외국인과 다문화가족을 동료와 이웃으로 대해야 한다는 요구에는 따라가지 못하는 것입니다. 설사 다문화에 수용적인 태도를 보이는 경우에도 편견과 차별 의식이 남아 있거나 대상에 따라 다른 태도를 보이는 경향이 있다는 것은 앞에서도 살펴보았지요.

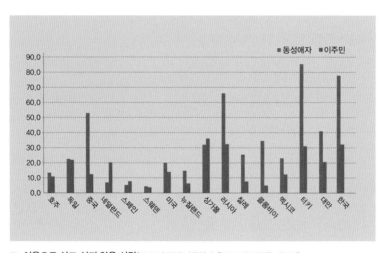

■ 이웃으로 삼고 싶지 않은 사람(2015년 국민 다문화 수용성 조사 연구를 재구성)

어떠한 노력이
필요할까?

다문화 대한민국은 현재에 우리가 맞이한 현실입니다. 우리는 21세기 대한민국 사회에 서로 다른 다양한 문화를 가진 사람들과 함께 살고 있다는 사실에서 출발해야 합니다. 이전과는 달라진 현실을 인정하고 새로운 대한민국을 만들어 가는 관점과 태도가 필요한 것이지요. 그러기 위해서는 다문화 현실을 인정하는 것만으로는 부족합니다. 대한민국을 보는 관점, 다문화를 바라보는 시각이 달라져야 합니다. 다양한 문화가 함께하는 현실에서 우리와 다른 문화를 가진 사람들을 어떻게 대해야 할지, 그들과 어떤 관계를 맺고 살아야 할지를 고민해야겠지요.

물론 이러한 고민과 변화가 한국인들에게만 필요한 것은 아닙니다. 한국에서 새로운 삶을 시작하는 이주민들에게도 필요합니다. 한국 사회의 문화 다양성은 이주민에 의해 만들어지기도 하지만, 이주민의 생활도 그 다양성 조건에 놓이게 되는 것이니까요. 이주민은 한국에 잠시 머물다 떠나는 여행자가 아니잖아요. 낯선 한국 문화에 대해 이해하고 대화하기 위해 노력해야 하지 않을까요?

이주민들에게 일방적으로 한국 문화를 익히고 따르라는 요구가 폭력이라면, 이주민들이 자기 문화만을 고집하며 한국 문화를 배척하는 것 역시 폭력이 될 수 있습니다. 문화 다양성은 서로의 문화를 이해하고 존중하려는 노력이 쌍방향으로 이루어질 때 가능할 테니까요.

선주민으로서의 한국인과 이주민이 서로의 문화를 이해하고 존중할 때, 다문화에 따른 문화 다양성은 대한민국을 발전시키는 원동력이 될 수 있습니다. 다문화가 갈등이 아니라 새로운 문화 창조의 기반이 될 수 있다는 말이지요. 이질적이고 낯선 것을 만나는 일은 새로운 상상력을 자극하고, 이를 통해 발휘되는 것이 문화적 창의성일 테니까요. 다문화가 사회 갈등과 혼란의 원인이 될지 사회 발전과 문화 창조의 기회가 될지는 이 문제를 겪는 주체의 태도에 달려 있습니다. 어떤 태도로 다문화에 대처하느냐에 따라 달라질 수 있는 문제이지요.

흔히 다문화 문제를 외국인이 한국에 들어와 생긴 문제라고 생각합니다. 그들이 한국에 오지 않았다면 다문화가 한국 사회에 큰 쟁점으로 떠오르지는 않았을 테니 얼핏 그런 생각이 드는 것도 당연해 보입니다. 하지만 외국인이 들어와 생긴 문제라고 해서 저들만의 문제이거나 저들에게 문제의 원인이 있는 것은 아닙니다. 다문화는 우리의 문제이며, 우리에게 원인이 있는 문제이기도 합니다. 이 말은 한국 사회만이 문제라는 뜻도 아닙니다. 다문화 문제는 외국인이 한국에 오지 않거나, 그들이 하루빨리 한국 사회에 적응해서 생각과 태도를 바꾸는 것만으로 해결되지 않는다는 의미입니다. 한국 사회 역시 바뀌어야 해결될 수 있는 문제라는 것입니다. 어떤 문제이든 외부 원인이 있는가 하면, 내부 원인도 있는 것이니까요. 바깥을 살피는 동시에 안에 얽힌 문제도 살펴야 제대로 풀 수 있는 것이지요.

그렇다면 대한민국이 다문화 사회로 발전하려면 어떤 노력이 필요할까요? 어떤 문제이든 한쪽만 살펴서는 제대로 해결할 수 없다고 했지요? 그래서 이 장에서는 선주민(한국인)과 이주민이 각각 어떤 노력을 해야 하는지 살펴보려 합니다.

아무래도 다문화를 수용하는 한국인의 태도에 대한 얘기가 더 많습니다. 이 땅에서 주인 의식을 갖고 살며, 절대적인 다수일 뿐만 아니라 정치와 경제 등 사회 전반의 변화를 이끄는 중심이니까요. 다문화가 대한민국을 발전으로 이끌지, 갈등으로 이끌지는 선주민의 주도적인 역할에 달려 있다는 것입니다.

2

선주민이라면
이렇게

혐오와 동정,
동전의 양면

몇 년 전, 러시아에서 한국인들이 범죄 피해
를 당한 일이 있었습니다. 한국인 유학생이 러시아인에게 흉기에 찔리
거나 집단 폭행을 당해 사망한 일도 있었지요. 여학생이 화상을 당한
일도 있었고요. 원한을 샀거나 흔히 일어날 수 있는 시비가 있던 것도
아니었습니다. 단지 외국인이라서, 그것도 백인이 아닌 동양인이어서
당한 사건들이었습니다. 한국인을 공격한 무리로 '스킨헤드'가 지목됐
었어요.[5] 머리를 아주 짧게 자르고 다녀 그렇게 불리는 러시아의 스킨
헤드는 독일의 '네오나치'처럼 인종차별주의 집단으로 악명이 높습니
다. 이들이 외국인을 대하는 태도를 '제노포비아(xenophobia)'라고 하

■ 현대 사회의 인간은 평생을 한곳에 머물지 않는 한 누구나 잠재적 이방인이다. 이방인 또는 외국인에 대한 혐오는 결국 자신에게 겨누는 칼날일 수 있다. 사진은 요하네스 버그에서 열린 제노포비아(외국인 혐오증) 반대 시위 현장.

는데요. 낯선 사람을 뜻하는 '제노(xeno)'와 공포와 혐오를 뜻하는 '포비아(phobia)'의 합성어입니다. 외국인의 존재 자체를 혐오하고 배격하는 현상을 부를 때 쓰이는 말이지요. 외국인이나 다른 인종의 존재가 자기 나라 국민의 이익을 빼앗고, 자신들의 문화와 피를 더럽힌다는 생각에서 출발합니다.

한국에도 스킨헤드와 같은 극단적인 인종차별주의 집단이 나타날 가능성은 없을까요? 한국에서 반다문화론자들이 유럽과 러시아에서 나타나는 인종차별주의로 발전할 가능성은 전혀 없을까요? 아직까지 한국의 반다문화론자들은 평화로운 방식으로 다문화를 반대하고 있습니다. 하지만 그들 사이에서 오고 가는 말은 매우 거칠고 공격적입니다. 그런 언사에는 외국인에 대한 불신과 편견이 짙게 배어 있습니다. 현재까지는 외국인 범죄를 비판하고 다문화 반대를 외치는 것에 그치지만, 극단적인 외국인 혐오로 발전할 가능성도 있습니다. 다문화 가정 출신을 '잡종'이라 부르기도 하고, 파키스탄 사람을 '파퀴벌레', 중국 사람을 '짜장', '짱깨'라 부르는 등 혐오감을 쌓아 가고 있으니까요. 이런 혐오감은 증오감으로 발전하기 쉬운데요. 증오감은 자신의 공격적 태도와 행동을 정당한 것이라 여기게 합니다.

외국인 범죄는 이러한 증오감의 근거가 되고 이를 부추기는 역할을 합니다. 그러나 앞에서 살펴보았듯이 외국인 범죄 문제는 한국인 범죄가 그렇듯이 일부의 문제일 뿐이에요. 일부 외국인이 범죄를 저질렀다고 해서 외국인 모두를 범죄자로 생각할 수는 없는 노릇이지요. 그런데 외국인 범죄를 다루는 언론 보도는 몇몇 외국인 범죄를 외국인 전체의 문제로 만드는 경향이 있습니다. 보통 외국인 범죄가 일어나면 언론사는 '위장 결혼으로 국적 취득한 파키스탄인', '베트남 불법체류자 검거' 등 피의자의 국적을 밝히며 보도합니다. 한국인 범죄를 보도하며 출신 도시를 말하지 않는 것과는 대조적이지요. 특별한 경우가 아니면 '대구 출신 아무개', '광주가 고향인 모 씨'처럼 보도하지 않잖아요. 피의자의 국적을 제목으로 내세우는 보도는 그 국가 출신 외국인에 대한 부정적 인상을 갖게 하고, 외국인 전체에 대한 공포와 혐오감을 부추길 수 있습니다.

한국에 온 이주민들은 40~50년 전 독일에 간호사와 광부로 일하러 간 한국인과 같아요. 그들을 부정하는 것은 과거의 우리 모습을 부정하는 것과 다르지 않습니다. 그때 독일에 갔던 간호사와 광부가 그랬듯이 이들은 침입자가 아닙니다. 우리의 것을 빼앗는 사람들이 아닙니다. 한국인 간호사와 광부와 마찬가지로 그들 역시 한국에 일하러 온 이주 노동자일 뿐이에요. 우리가 필요해서 불렀고, 실제로도 한국 경제에 크게 기여하고 있어요. 외국인 노동자들은 한국인들이 일하기 싫어하는, 이른바 '3D 업종'에 종사하며 중소기업의 인력난을 해소해주고 있습니다. 청년이 없는 농어촌의 소중한 일꾼이고요. 일부 업종에서 한국인 노동자와 이해관계 때문에 대립하기도 하고, 외국인 밀집 지역에서는 한국인 주민과 갈등을 빚기도 하지만, 이는 함께 노력해서 해결해야 할 사안이지 이들을 쫓아내야 하는 문제가 아닙니다.

증오는 증오를 낳습니다. 증오와 혐오 감정으로 이주민을 대하면 그들의 모든 것이 안 좋게 보일 수밖에 없고, 그런 감정은 더 커지기만 할 뿐입니다. 우리가 겪는 한국 사회의 많은 문제가 모두 그들 때문이라는 생각까지 들게 합니다. 증오와 혐오는 차별을 당연시하고 멸시와 배척을 정당화합니다. 하지만 이런 태도는 우리 자신에게로 돌아오게

■ 1960년대 한국 정부는 극심한 경제난을 해결하기 위해 독일(당시 서독)과 계약을 맺고 약 2만여 명의 한국인 광부와 간호사를 파견하였다. 이들 파독 광부와 간호사들이 보낸 외화는 대한민국 경제에 큰 보탬이 되었다. 사진은 당시 파독 광부와 간호사로 파견되었던 독일 교포들이 한국에 정착하여 살고 있는 경상남도 남해군 삼동면에 있는 '독일 마을'.

됩니다. 자신을 미워하고 싫어하는 사람을 존중하거나 예의를 갖춰 대할 수 있을까요? 그것이 부당한 이유 때문이라면 더더욱 그럴 수 없겠지요. 이주민을 배척하고 증오하면 이들 역시 한국과 한국인에게 편견을 갖게 될 것입니다. 한국의 문화, 법과 제도를 배우고 존중하기보다는 기피하거나 부정하려고 할 테지요.

이주민을 증오하고 배척하는 태도와는 반대로, 온정과 시혜의 태도 역시 바람직하지 않습니다. 이런 태도는 외국에서 온 이주민을 불쌍히 여겨 도와주어야 할 대상으로 여기게 합니다. 어려운 환경에 처한 외국인 노동자나 다문화가정의 자녀에게 이런 시선을 갖는 경우가 많은데요. 쫓아내야 한다고 적대감을 드러내지 않기에 별문제가 없는 것으로 보일 수 있습니다. 그들에게 도움을 주려 하기 때문에 아무 문제가 없다고 생각할 수도 있지요. 하지만 이런 태도는 이들을 무엇인가 부족하거나 결핍을 가진 사람으로 여기는 마음에서 비롯될 수 있어요. 우리의 이웃이 아니라 우리와 다른 특별한 사람들로 여기는 것이지요. 그렇게 되면 그들을 똑바로 바라볼 수 있을까요? 비록 선의일지라도 누군가를 동정하는 마음으로 대하면 그 시선을 받는 사람들은 불편할 수 있습니다. 당당하게 이웃으로 대우받는 것이 아니라 동정의 대상으로서만 인정받는다는 생각에 수치심을 느낄 수도 있고요. 더구나 스스로는 그렇게 생각하지 않는데 상대방이 자신을 일방적으로 불쌍한 사람 취급하는 것은 불쾌한 일 아닐까요?

도움이 필요한 사람을 돕는 것은 당연한 일이에요. 어려운 처지에

있는 사람을 동정하는 마음 자체가 잘못된 일은 아니지요. 문제는 온
정의 대상으로 한정하는 태도입니다. 더구나 이러한 태도는 어느 순간
돌변할 수 있습니다. 불쌍한 존재로 여겨 따뜻하게 대하다가도 자신의
이해관계와 충돌하게 되면 적대감을 드러내기도 하고요. 외국인 노동
자로 인해 자신의 일자리를 빼앗겼다고 느끼거나 그들이 받는 저임금
때문에 자신이 불이익을 겪는다고 느끼는 사람도 있거든요. 설상가상
으로 외국인에게 직접 피해를 입거나 외국인 범죄에 관한 뉴스를 접하
게 된다면 분노하는 마음까지 들겠지요. 이런 상태에서 동정이나 연민
의 감정을 유지하기는 어렵지 않겠어요? 나에게 불이익을 주거나 위
협이 되는 존재를 불쌍히 여기고 온정적으로 대하지는 못할 테니까요.
이주민에 대한 온정과 시혜의 태도 역시 다문화에 대한 편견이라고 할

수 있지요.

증오와 배척 그리고 온정과 시혜라는 양극단의 태도가 당장에 나타나는 양상은 전혀 다릅니다. 한쪽은 혐오의 시선으로, 다른 한쪽은 동정의 눈길로 이주민을 대하는 것이지만, 그 밑바탕에 있는 생각은 크게 다르지 않습니다. 이주민들을 우리 사회의 구성원으로서 동등하게 인정하고 존중하지 않는다는 점에서 서로 같다고도 볼 수 있지요. 두 태도 모두 다문화 대한민국으로 나아가는 데 걸림돌이 될 수 있습니다. 다문화로 인한 사회 갈등과 혼란을 부추길 수 있습니다. 다문화 대한민국의 발전을 위해서는 이런 생각과 마음에서 벗어나야 합니다.

"한국에 왔으니
한국인이 되어야지!"

베트남 엄마를 두었지만 당신처럼 이 아이는 한국인입니다. 김치가 없으면 밥을 못 먹고 세종대왕을 존경하고 독도를 우리 땅이라 생각합니다. 축구를 보면서 대한민국을 외칩니다. 스무 살이 넘으면 군대를 갈 것이고 세금을 내고 투표를 할 것입니다. 당신처럼.

2008년에 모 기업이 제작한 공익광고의 내용입니다. 이국적인 얼굴의 한 소년을 비추며 저 글이 낭독됩니다. 이 공익광고는 다문화가정의 자녀를 우리와 똑같은 한국인으로 받아들이자고 주장합니다. 그들이 김치와 쌀밥을 먹고 세종대왕과 독도를 사랑하는, 보통의 한국인과 전혀 다르지 않은 한국인이라는 것을 강조합니다. 군대도 가고 세금도 내고 한국인들과 똑같이 국민으로서 의무를 다할 테니 차별할 이유가 없다는 것이지요. 베트남 엄마를 둔 것만 다를 뿐, 보통의 한국인과 닮은 삶을 산다는 것입니다.

다문화가정의 자녀에 대한 편견이 적지 않기에 저런 광고가 나왔을 테고, 그 자녀들을 한국인으로 받아들이자는 호소는 설득력이 있습니다. 그러나 다문화 사회를 위한 이 공익광고에는 문제가 있습니다. 일상에서 우리가 만나는 보통의 한국인과 다를 바 없다는 것을 강조하다 보니 그가 지니고 있는 다문화적 특성이 외면당하는 것인데요. 베트남 엄마를 가졌다는 사실이 한국인으로서 동일성을 강조하기 위해 무시된 것입니다.

김치를 좋아하고 세종대왕을 존경하는 것은 한국인 아버지로부터 물려받은, 이른바 한국적 정체성입니다. 이를 강조하는 것이 나쁜 것은 아니에요. 그런데 아버지 쪽 정체성만을 강조하면 상대적으로 어머니 쪽 정체성은 버려야 하는 불필요한 것이 되고 맙니다. 다문화 사회를 위한 공익광고에서 다문화의 근거가 되는 사실을 스스로 부정하는 모순이 생긴 것이지요. 이는 다문화 문제를 동화주의 관점으로 보는 태도에서 나온 것이라 할 수 있습니다. 문화적 다양성을 인정하기보다 한국 문화로 획일화하려는 태도인 것이지요.

다문화가정의 자녀도 한국적 정체성을 갖고 있으니 한국인으로 받아들이라는 주장은 그에게 아버지 쪽 정체성만을 따르라는 요구가 될 수 있어요. 그렇게 되면 어머니 쪽 정체성은 놀림받을 수 있는, 그래서 감춰야 하는 부끄러운 일이 됩니다. 광고 속 소년은 아무 말이 없지만, 같은 처지에 있는 다른 아이들은 이렇게 말합니다. "엄마는 좋지만, 엄마가 베트남 사람인 건 싫어." 이런 말을 듣는 엄마의 마음은 어떨까요? 자신이 베트남 사람이라는 것을 부끄러워해야 할까요? 또 아이는 자기 부모가 선진국 백인이 아니라는 사실을 원망해야 할까요? 그렇다고 엄마에게 저런 말을 하는 아이를 탓할 수만은 없습니다. 아이로 하여금 '엄마'와 '베트남 사람'을 구분 짓게 만든 마음은 아이가 원해서 생긴 것이 아닙니다. 또래 아이들로부터 받은 놀림 때문에, 그것이 마음에 상처가 되었기 때문입니다.

부모들은 자신이 조상으로부터 물려받은 문화를 자녀들에게 전승하고자 합니다. '피를 물려받았다'는 말은 그런 의미일 것입니다. 자신의 정체성을 후손이 이어 가기를 바라는 것은 세계 어느 나라 부모라도 마찬가지 아닐까요? 그러나 저 광고는 그 마음을, 그 바람을 부정합니다. 베트남뿐만이 아니라 필리핀이나 중국 역시 마찬가지입니다. 베트남인으로서, 필리핀인으로서 수십여 년간 살아온 역사와 문화는 버려야 할 쓸모없는 것이 됩니다. 그것은 자신의 문화에 대한 자긍심을 잃게 만들고 자기 정체성에 혼란을 느끼게 하는 인권 문제입니다. 광고 속 소년과 같은 다문화가정의 자녀들 역시 정체성에 혼란을 겪을 수 있습니다. 자신을 구성하고 있는 절반의 정체성을 부정해야 하는 상황에 처하게 되니까요. 자기 존재에 대한 긍지를 잃고, 자기 정체성에 대해 의심하고 동요할 수 있습니다. 이들이 이 같은 상황에서 주체적인 존재로 성장하기는 어렵지 않을까요?

다문화에 대한 동화주의적 태도는 한국 문화를 정상의 기준으로 놓고 다른 문화를 버려야 하는 것으로 취급합니다. 한국에 왔으니 한국인이 되라는 것인데요. 이는 외국인 노동자나 결혼 이민자들이 가진 문화는 빨리 잊어야 하는 것으로 치부합니다. 여기는 한국이니 베트남어는 필요 없고, 그 말을 자녀들에게 가르치는 일도 쓸데없는 일일 뿐이라고 합니다. 그러나 한국말을 유창하게 하고, 한국 문화를 잘 안다고 해서 이들이 보통의 한국인으로 대우받을 수 있을까요? 그럴 가능성은 높지 않습니다. 우리들의 태도가 바뀌지 않는 한 피부색이나 생김새 등 외모에서 드러나는 차이는 그들을 특수한 존재로 만들 뿐입니다.

이주민과 그 가정의 문화 정체성을 무시하는 동화주의는 다문화 사회를 이끄는 올바른 방법일 수 없어요. 오히려 한국 문화에 동화되지 않은 이들을 한국인에서 배제해야 한다는 생각을 키울 뿐입니다. 한국에 왔으니 한국 문화를 따르라는 생각은 '그렇게 하지 않으려면 너희 나라로 돌아가'라는 배척으로 이어질 수 있는 것이지요. 모국의 문화 정체성을 지키려는 사람들에게 동화주의는 인권을 억압하는 것으로 느껴질 수 있습니다. 자신의 문화 정체성을 지키려는 권리가 무시되는 것이니까요. 이들은 부모에게 물려받은 자신의 문화를 버리고 낯선 한국 문화만을 따르라는 요구를 부당하다고 여겨 반발하거나 저항할 것입니다.

광고 속 소년은 다문화 대한민국의 미래를 질문합니다. 대한민국이 피부색과 상관없이 평등한 사회인가를 묻고 있어요. 대한민국이 차별 없는 사회로 나아가려면 다문화적 정체성이 존중되어야 합니다. 아버지 쪽만이 아닌 어머니 쪽 역사와 문화도 배울 수 있어야 해요. 세종대왕을 존경하면서 호찌민(베트남 독립과 건국의 영웅)도 좋아할 수 있는 것처럼 말이지요. 문화 정체성은 양자택일의 문제가 아니에요. 한국에 대한 애국심과 베트남에 대한 호감이 대립하는 것은 아닙니다. 운동경기에서 한국이 아닌 베트남을 응원할 수도 있어요. 그렇다고 해서 베트남 스파이가 되는 것은 아니잖아요? 미국의 공직 사회에 진출한 재미교포 후손들이 한국의 스파이일 것이라는 생각이 부당한 것처럼 그런 생각도 터무니없어요.

한민족은 순수한 단일민족일까?

한국인은 한민족과 한국 문화에 대한 자부심이 강한 편이에요. 그 근거는 순수한 단일민족이라는 우월 의식 때문입니다. 어릴 때부터 단군의 자손으로서, 순수한 단일민족이라고 교육받아 왔지요. 세계 어느 나라에서도 쉽게 찾기 어려운 대한민국만의 역사라며 대단한 의미를 부여하고 있습니다. 다문화를 반대하는 사람들에게 외국인이 한국에 들어와 산다는 것은, 그래서 다문화가정이 늘어나는 것은 한민족의 순수성을 해치는 일입니다. 하얀 눈 위에 시커먼 재를 뿌리는 일처럼 생각되는 것이지요.

하지만 우리가 당연하게 여기는 한민족의 순수성은 과학이나 역사적 사실에 근거한 것이 아니에요. 한반도에 살고 있는 이들이 모두 단군의 자손이라 말하는 것도 마찬가지입니다. 단군이 태어나기 전에도, 그의 아버지 환웅이 하늘에서 내려오기 이전에도 한반도에는 수많은 사람들이 살면서 석기시대 역사를 남겼습니다. 한반도에는 약 70만 년 전부터 사람들이 살고 있었다고 해요. 평양 상원읍의 검은모루 동굴에서 발견한 사람의 어금니와 어깨뼈를 바탕으로 추정한 것이지요. 이곳에서는 돌을 깨거나 떼어서 도구를 만든 뗀석기 유물이 발견되기도 했는데요. 그래서 한반도의 구석기시대를 이때로 잡고 있어요. 신석기시대는 기원전 8천 년 전에 시작된 것으로 보는데, 단군이 기원전 2333년에 나라를 세웠으니 약 4300여 년 전에도 이미 한반도에는 사람이 농사를 지으며 살고 있던 것이지요. 그들은 모두 어디로 갔을까요? 모두 한꺼번에 사라지지 않았다면 그 후손들 역시 오늘날의 한국인으로 이어졌을 것입니다. 한국인을 단군의 자손이라 말하는 것은 같은 민족이라는 동질성을 강조하기 위한 상징적인 표현일 뿐이에요. 그런 표현이 같은 피를 이어받았다는 단일 자손이나 민족 순수성의 근거일 수는 없습니다. 더구나 고조선 이래로 수천 년의 역사가 흐르는 동안 수많은 사람들이 오고 갔습니다. 이러한 다문화의 오랜 역사는 앞에서 살펴본 바 있지요.

다문화의 오랜 역사는 현재까지 흔적을 남기고 있습니다. 그중에 하나가 성씨입니다. 김씨, 황씨, 최씨 등 한국인의 성씨는 대부분 아버지로부터 받은 것이지요. 아버지 역시 아버지로부터 물려받았을 테고요. 많은 한국인들은 성씨가 조상의 역사를 담고 있다고 생각합니다. 제일 처음 성씨를 사용한 시조가 있고, 그 시조로부터 자손들에게 성씨가 계속 이어져 온 것이라 믿습니다. 이러한 믿음을 그대로 인정하기는 어렵지만, 그렇다고 해도 한국인의 성씨 문화에는 다문화 역사의 흔적이 남아 있습니다.

고려에 이주해 온 무슬림 가운데 장순룡이라는 사람이 있었다는 이야기 기억하지요? 아랍 출신인 장순룡이 덕수 장씨의 시조가 된 것처럼 역사에 등장하는 많은 이민족 출신들이 한국인의 성씨를 구성하고 있습니다. 김해 허씨는 인도에서 왔다는 아유타국 공주 허황옥의 후손이고, 청해 이씨는 이성계를 도운 여진족 이지란의 후손이며, 왕에게 하사받았다는 의미의 사성(賜姓) 김해 김씨는 임진왜란 때 조선에 귀순한 일본 장수 김충선의 후손입니다. 화산 이씨는 고려 때 망명한 베트남 왕족 이용상의 후손입니다. 이 후손들이 베트남을 방문했을 때, 왕족의 후예들이 찾아왔다고 대통령 등 베트남 정부의 요직에 있는 사람들이 깍듯이 환대했다고 하네요.

한반도가 아닌 다른 지역이나 다른 민족 출신의 인물을 시조로 하

■ 한국 성씨에는 외래 성씨가 많다. 대체로 중국계가 가장 많고, 몽골계, 여진계, 위구르계 등이 있다. 덕수 장씨의 시조인 장순룡은 고려 말기에 귀화한 위구르인이다. 사진은 위구르족이 많이 모여 사는 중국의 신장 위구르 자치구에 있는 호탄 시(市)의 주말 시장 풍경(위)과 호탄 시에 사는 위구르족 아이들의 모습(아래).

는 성씨를 귀화 성씨라고 하는데요. 한 학자의 연구에 따르면, 현재 국내에 있는 성씨의 46퍼센트가 귀화 성씨라고 합니다. 인구수로 보면 전체 인구의 약 20퍼센트를 넘으며, 귀화 성씨를 확대해서 보면 거의 절반 가까이 귀화인들의 후손이라는 결론에 이릅니다. 이는 한국 사회의 다문화 역사가 그만큼 오래되었다는 것을 알려 주는 동시에 순수한 단일민족이라는 믿음이 환상이라는 것을 알려 주기도 합니다.[6]

다문화를 반대하는 사람들은 과거부터 이민족이 함께 살았더라도 더 많은 한민족의 피에 섞여 그 흔적이 사라졌을 것이라고 주장합니다. 그러니 여전히 우리는 순수한 민족이며, 이를 지키기 위해서라도 더 이상 외국인이 한국 사회에 이주해 오는 것을 막아야 한다고 말하기도 하지요. 하지만 이런 논리를 따르면 결혼 이주민이나 다문화가정의 존재를 두려워하거나 반대할 필요가 전혀 없습니다. 역사적으로 그랬던 것처럼 지금의 다문화 역시 한민족의 피로 희석될 테니 민족의 순수성을 해친다고 비난할 필요가 없는 것 아닐까요? 민족의 순수성이란 생각에 매달려 다문화를 부정하거나 비난하는 것은 근거도 없으며, 모순이기도 합니다.

그럼에도 한민족이 한국인들이 스스로를 다른 나라 국민이나 민족과 구별하는 집단으로서의 규정이자 소속감을 갖게 하는 상징적인 표현이라는 점은 이해할 필요가 있어요. 대다수의 한국인들이 '한민족'이라는 상징을 통해 '같은 민족'이라는 의식을 공유하고 있기 때문이지요. 한국인은 아시아계 인종을 가리키는 몽골리안 계열의 인종적 특징을 공유하고, 한국어를 사용하며, 한반도를 중심으로 이뤄진 역사와 문화를 공유하고 있습니다. '우리 민족'이란 말에는 '우리 가족'과 같은 친근감과 동질감이 느껴지지요. 이런 의식은 일본의 침략을 받아 식민지로 전락했던 시기에 독립 국가를 세우겠다는 열망과 의지의 밑거름이 되기도 했습니다. 일제로부터 해방 후 남과 북으로 갈리고 동족상잔이라는 참혹한 전쟁을 막아 내지는 못했지만, 그런 일을 겪으면서도 남북이 모두 통일을 말할 만큼 같은 민족이라는 의식은 한국 현대사에 중요한 영향을 미치고 있습니다.

많은 학자들은 한국인이 가진 한민족이라는 의식에 객관적 실체가 있는 것이 아니라 서로를 결속시키려는 경향이 강하던 시기에 필요에 의해 형성된 것이라고 합니다. 경제성장을 목표로 국민의 단결과 희생을 강조하던 시대에 강화되기도 했고요. 이에 반하여 한민족의 실체를 주장하는 의견도 있습니다. 중요한 것은 한민족이라는 실체가 있느냐 없느냐가 아니라 그런 의식이 이미 많은 한국인의 마음에 깊이 박혀 있다는 사실입니다. 이러한 의식은 다른 나라 국민과 한국인을 구분 짓는 명분이 되기도 하고, 국가를 중심으로 국민들이 결집하게 하는 동력이 되기도 합니다.

한민족으로서 자신을 규정하고 그 생각에 따라 행동하는 것은 각자의 선택일 수 있습니다. 한민족이라는 자부심을 갖는 것도 좋고요. 하지만 그런 자부심이 다른 나라 국민이나 민족을 업신여기고 무시하는 태도로 이어진다면 어떨까요? 역사적으로 이러한 배타적 태도는 다른 나라를 침략하던 나라에서 공통적으로 나타났습니다. 세계를 전쟁으로 몰고 간 20세기의 독일과 일본의 역사가 그렇습니다. 그들은 자민족의 우월함을 내세웠고 그것을 침략과 지배의 명분으로 삼았어요. 한민족이라는 자부심에만 빠지면 그들과 다르지 않게 됩니다. 굳이 민족적 자부심과 긍지를 찾는다면 그 역사와 문화에서 찾아야 합니다. 혈통의 순수성에서 구하는 것은 옹색할 뿐만 아니라 성공할 수도 없습니다.

순수한 단일민족 국가라는 주장은 '한민족＝한국인'이라는 생각을 낳습니다. 이는 민족과 국가를 동일시하는 생각이며, 하나의 국가

■ 한국인이 갖고 있는 단일민족사관은 한국 사회의 다문화를 불편한 것으로 여기게 만든다. 자
민족에 대한 우월성은 자칫 인종차별주의로 변질될 수 있다. 20세기의 나치 독일이 아리안 인종
의 우월성을 강조하며 유대인과 집시, 장애인에게 행한 대규모 박해와 학살 행위는 인종차별주
의의 병폐를 보여 주는 극단적인 사례이다. 사진은 1994년 봄, 체코 동부에서 붙잡혀 아우슈비
츠로 보내진 유대인 여성과 아이들.

에 하나의 민족만이 존재할 수 있다는 편협한 생각에 빠지게 합니다. 하지만 그것은 고대의 부족국가에서나 가능한 일입니다. 세계화와 다문화 시대에 단일의 한민족 국가를 내세우는 것은 시대착오의 허상입니다. 한민족이 아니면 대한민국 국민이 될 수 없다는 생각은 '비(非)한민족 국민'들을 차별하는 것입니다. 설령 한민족의 실체를 인정한다 해도 그것이 현재에도 필요하고, 또 가능한 생각일까요? 이제는 인종이나 민족이라는 구분을 떠나 우리와 함께하고 있는 새로운 한국인이 있음을 받아들여야 하지 않을까요? 대한민국 국민에는 한민족만이 아니라 중국, 베트남, 파키스탄 등에서 온 민족도 있다는 것, 이들과 평화롭게 어울리며 함께 발전하는 다문화 대한민국을 만드는 것은 불순한 생각일까요?

알면 알수록 가까워지는 다문화

조선시대의 명장, 이순신 장군이 왜적을 무찌르던 한반도의 남해, 지금 이곳은 대한민국 해군 제3함대가 지키고 있습니다. 제3함대 소속의 장교와 병사들이 모여 교육을 받습니다. 함대전술이나 무기 사용에 대한 교육이 아닙니다. 다문화 사회를 이해하기 위한 교육인데요. '다문화 이해 교육'이라고도 합니다. 다문화에 대한 포용적 태도를 갖고, 이주민들에게 편견을 갖지 않도록 하는 교육을 말합니다. 군인들을 상대로 한 다문화 이해 교육은 해군만이 아니라 국방부 지침에 따라 육군, 공군 등 모든 군인을 대상으로 이뤄지고 있습니다.[7] 다문화에 대한 이해가 중요하다지만 나라를 지키는 군인들에게까지 해야 할 필요가 있을까요?

군대에서 다문화 교육이 이뤄지는 것은 다문화가정에서 입대한 군인들이 늘어나기 때문입니다. 이전에는 다문화가정의 자녀 중 피부색 등의 인종적 차이가 드러나는 경우에는 입대를 허용하지 않았어요. 군대 내에서 따돌림을 받을 우려가 있다는 이유였지요. 하지만 2011년 1월부터 이 정책이 바뀌었습니다. 외모가 다르다는 주관적이고 불평등한 기준만으로 입대 여부를 결정하는 것은 인권침해라는 지적을 정부가 받아들인 것입니다. 군에 입대한 다문화가정의 자녀는 2014년에 500명을 넘습니다. 다문화가정이 늘어난 만큼 이 숫자는 계속 늘어날 것입니다. 정부는 2028년이 되면 그 수가 1만 명이 넘을 것으로 예측하고 있습니다.[8] 1개 사단 규모의 병력이 다문화가정의 자녀들로 채워질 수 있다는 것인데, 통일신라의 9서당만큼은 아니어도 다문화 국군 시대가 시작되는 것이지요.

군대에서 다문화 이해 교육을 하는 이유는 그곳도 다문화가 이뤄지고 있는 한국 사회의 일부이기 때문입니다. 한국 사회가 다문화로 나아간다고 할 때 학교나 직장뿐만 아니라 군대 또한 다문화가 나타나는 중요한 현장이니까요. 위험한 무기를 다루는 고된 훈련과 긴장된 생활이 계속되는 군대에서 자신의 선택과 상관없이 겪게 되는 다문화 경험은 그곳에서의 생활은 물론 사회에서 다문화를 대하는 태도에도 큰 영향을 미칠 수 있습니다. 그렇다고 군대에서만 다문화 이해 교육이 필요한 것은 아닙니다. 한국이 다문화 사회로 나아가고 있는 만큼 가능한 모든 영역으로 다문화 이해 교육이 확대되어야 하겠지요.

다문화 교육이라고 하면 한국에 온 외국인 노동자와 결혼 이주민들이 받아야 하는 것이라 생각할 수도 있습니다. 그런 생각을 가진 사람들이 아직 많아 보입니다. 이곳은 한국이고, 한국에 왔으니 '한국 법'을 따라야 한다고 생각하는 것이지요. 이는 앞에서 말했듯이 다문화를 외국인들이 한국에 적응하는 문제로만 받아들일 뿐, 한국이 이미 다문화 사회로 바뀐 것에 대해서는 이해하지 못한 태도입니다. 상황과 조건이 바뀌면 그 변화에 맞는 생각을 해야 합니다. 자신은 바뀌지 않은 채 상대방에게만 바뀌기를 요구하는 것은 갈등의 원인이 되니까요. 다른 문화에 대한 편견이 그 문화에 대한 이해 부족에서 오듯이, 다문화에 대한 편견과 차별 의식도 다문화를 제대로 이해하지 못하는 것에서 비롯됩니다.

이주민들에게 한국을 이해할 수 있는 교육이 필요한 것처럼 선주민인 한국인을 대상으로 하는 다문화 이해 교육 또한 필요합니다. 다문화 현실을 정확하게 인식하고, 인권과 문화에 대해 올바른 관점을 갖기 위한 교육이 필요한 것이지요. 나와 다른 문화 정체성을 가진 사람들의 존재를 이해하고, 문화적 차이를 '틀림'이 아닌 '다름'으로 인식하며 존중할 줄 아는 의식을 가질 수 있도록 말입니다. 이런 의식은 다문화 사회이기 때문에 더욱 강조될 뿐이지 자유와 평등의 가치를 인정하는 민주주의 사회에서는 반드시 갖춰야 할 시민 의식입니다.

그런 까닭에 이미 학교나 공공도서관 등 여러 곳에서 다문화 이해 교육을 하고 있습니다. 공무원을 대상으로 한 교육도 있고요. 대부분이 보통의 한국인 학생들이나 주민들을 대상으로 한 것입니다. 몽골인에게 검지를 치켜드는 것은 큰 결례라든가, 캄보디아에서는 처가살이가 관습이라는 등 여러 나라의 서로 다른 문화적 특징에 대해 듣고, 이런 차이를 어떻게 이해할지 배웁니다. 그런데 이런 교육은 대부분 군대에서 이뤄지는 것처럼 일회적인 특별교육으로 끝나는 경우가 많습니다. 의미가 없는 것은 아니지만 일상적인 교육이 더 중요하겠지요. 특히 가치관 형성에 중요한 시기인 어린 시절의 교육이 중요합니다. 학교의 일상적인 교육 과정이 다문화 관점에서 이뤄질 수 있어야 하는 것이지요.

굳이 다문화 이해 교육이라 이름 붙이지 않더라도 사회나 역사를 배우는 교육 과정에서 다문화를 올바르게 이해할 수 있도록 할 필요가 있습니다. 다문화가 오랜 역사 속에 이어져 온 일반적인 현상이라는 것, 세계에는 셀 수 없이 다양한 종류의 삶과 문화가 있고, 생태계 다양성만큼이나 문화 다양성도 중요하다고 생각할 수 있도록 말이지요. 이러한 차이들은 서로 배우며 상호 발전할 수 있는 기회가 된다는 것을 이해할 수 있어야 합니다. 다양한 사람들의 다양한 문화를 만나는 일이 삶의 상상력을 발전시키고, 그로부터 보다 풍부하고 다채로운 문화가 꽃필 수 있다는 점을 생각하게 하는 교육이 필요한 것이지요.

이를 위해서는 중·고등학교 사회 과목에 있는 다문화와 관련된 내용을 좀 더 보강할 필요가 있어요. 특히 역사 교육이 좀 더 바뀌어야 합니다. 현재 우리나라 국사 과목의 교육내용은 민족의 고난과 발전을 지나치게 강조하는 편입니다. 수많은 변란 속에서 단일민족을 유지하며 찬란한 문화를 이룩했다는 내용이 민족적 긍지를 일깨우고 애국심을 고취하는 데 도움이 된다고 여기기 때문이지요. 그러나 이런 교육은 다른 나라와 민족을 배척하는 태도의 뿌리가 되기도 합니다. 지금과 같은 다문화 사회에서는 다양한 상황에서 수많은 사람들과 교류하고 어울려 살았던 역사를 더 많이 보여 줘야 합니다. 그럴 때만이 한민족이라는 울타리에 갇히지 않고 보편적인 인류의 역사에 대해 이해할 수 있을 테니까요. 더불어 세계사 교육도 서구 중심에서 벗어나 아시아에 대한 비중을 높여야 합니다. 중국과 일본만이 아니라 베트남, 필리핀 등 한국 사회의 다문화를 이루는 주요 구성원들의 역사와 문화를 골고루 이해할 수 있도록 말입니다.

다른 나라의 역사와 문화를 배우는 것은 단지 지식을 쌓기 위해서가 아닙니다. 나와 다른 역사와 문화를 가진 사람들을 만나고 대하는 방법을 이해하는 것으로 나아가야 합니다. 다문화 이해 교육의 핵심은 문화적 차이를 아는 데에 그치는 것이 아니라 그 차이를 바라보는 올바른 관점을 갖는 것이니까요. 다문화 이해 교육은 한국 문화를 올바르게 이해하는 데도 도움이 됩니다. 다른 문화에 대한 이해는 자기 문화를 객관적으로 볼 수 있는 안목을 키워 주기 때문입니다. 현대 문명의 손길이 닿지 않는 오지에 사는 소수 부족의 문화를 포함해 모든 문화는 인류의 공동 유산이며, 한국 문화 역시 그중 하나라는 생각을 할 수 있게 되는 것이지요. 여러 문화 사이에 우월과 열등은 없으며, 어떤 문화라도 인권을 침해하지 않는 한 보호받고 향유할 권리가 있음을 인정하는 것이 문화를 이해하는 공정한 안목이니까요.

■ 여행에서 만나는 낯선 경험은 그 자체로 우리의 눈과 귀를 풍요롭게 한다. 우리는 여행을 통해 세상을 보다 넓고 깊이 이해하게 된다. 다른 문화에 대한 이해는 여행하는 즐거움이 그렇듯 있는 그대로 그것과 만나는 것에서부터 시작된다.

우리 안에
편견과 차별은 없을까?

늦은 밤 어둑한 버스 안, 빈자리를 찾아 안쪽으로 들어갑니다. 자리 하나가 비어 있는데 차창 쪽으로 검은빛이 짙은 흑인이 앉아 있습니다. 그의 눈동자만 유난히 반짝입니다. 두려운 마음이 들어 옆에 앉기가 꺼려지지만 꺼림칙한 기분을 누르고 자리에 앉습니다. 그의 몸에서 이상한 냄새가 나는 느낌까지 들어 내내 마음이 편하지 않습니다. 목적지에 내려서야 불안하고 불편한 마음이 나아지지만, 그 여운이 남았는지 떠나가는 버스 꽁무니를 한번 쳐다봅니다. 사실은 버스를 보는 것이 아니라 옆자리의 흑인을 떠올리는 것이지요.

여러분은 어떤가요? 외국인, 특히 피부색이 짙은 흑인을 가까운 거리에서 대하게 되면서 당황하거나 두려움을 느낀 적이 있나요? 그렇다면 생각해 봅시다. 두렵고 불편한 마음은 어디서 온 것일까요? 앞의 이야기에서는 옆자리에 앉은 흑인 때문입니다. 하지만 그 흑인은 아무런 행동도 하지 않았어요. 자신의 목적지를 향해, 묵묵히 자기 자리에 앉아 있었을 뿐입니다. 그게 잘못일 수는 없지요. 그의 존재 자체가 위협일 수는 없습니다. 그가 백인이었다 해도 같은 느낌이 들었을까요?

두렵고 불편한 마음은 내게서 온 것입니다. 평소 흑인에 대해 두려운 마음을 갖고 있었기 때문일 수 있어요. 하지만 그런 마음이 들 만큼 한국 사회에 흑인에 대한 안 좋은 경험이 있었을까요? 그게 아니라면 할리우드 영화에 묘사된 원시 밀림의 야만적인 원주민이나 슬럼가의 흑인이 떠올랐을 수도 있겠네요. 어쩌면 검은 피부의 흑인이란 존재 자체가 당혹감을 줄 정도로 낯설었기 때문일 수도 있어요. 사람에 대한 인상은 주위에서 매일 대하는 사람들을 통해 형성되는데, 처음 접한 흑인의 얼굴이 이제까지 익숙하게 만난 사람들과 너무 달라 두려움을 느낀 것이겠지요. 그런 이유라면 이는 사람에 대한 선입관에 의한, 즉 사람의 피부와 얼굴 구조, 체취 등이 매우 다양하다는 사실을 깨닫지 못해 생긴 문제겠지요.

낯설다고 해서 그것이 꼭 두려움으로 나타날 수밖에 없는 것일까요? 낯선 존재에 경계심을 갖는 것이 이해되는 반응이기는 하지만 당연하거나 불가피한 현상은 아닙니다. 낯선 존재에게 느끼는 두려움은 낯선 존재가 아니라 나의 반응이 만들어 내는 것입니다. 나를 위협하지 않는 데도 낯선 존재에 불안한 심리를 보이는 것은 나의 마음 어딘가에 낯선 것을 두렵게 느끼도록 하는 어떤 이유가 잠복해 있는 것이지요. 그것은 개인적 경험이나 사회적 분위기에 의한 것일 수도 있습니다.

낯선 존재에게 두려움을 먼저 갖게 되는 것은 그만큼 사회가 안정되어 있지 않기 때문일 수 있습니다. 이는 한국 사회가 신뢰와 협력보다 불신과 경쟁이 더 강한 곳이라는 반증일 수 있어요. 옛 어른들은 밤에 문을 닫지 않고 잠을 자도 아무 문제가 없던 시절을 얘기합니다. 서로 믿고 사이좋게 살던 마을에 대해서요. 그렇기에 낯선 외부인이 찾아와도 집에 들여 밥 한 끼 먹이는 것에 두려움이 없었습니다. 마을 사람들이 서로 따뜻한 마음으로 살고 있으면, 낯선 타인일지라도 여유롭게 호의로 대할 수 있겠지요. 그런 마을도 큰 재난을 겪거나 삶이 힘들고 어려워지면 서로의 관계가 냉랭해지고 타인에게도 각박해질 수밖에 없습니다. 앞서서 다문화를 겪는 서구 사회에 반이민 정서가 나타나는 현상은 경제적 어려움과 함께 IS테러에 대한 공포가 사회적으로 퍼져 가는 것과 무관하지 않을 것입니다.

낯선 모습의 외국인에게 두려움이나 경계의 마음이 먼저 드는 것은 한국 사회가 그런 마음으로 살아가는 곳이라는 반증일 수 있습니다. 신뢰와 협력보다 불신과 경쟁이 더 강한 사회일수록 낯선 존재를 호의로 대하기 어려울 테니까요. 그런 사회에서 낯설고 익숙하지 않은 것에 대해 경계심이 드는 것은 자연스러운 현상일 수 있습니다.

낯선 것이 문제라면 접촉의 기회를 늘리면 됩니다. 자주 만나다 보면 낯섦도 두려움도 사라질 테니까요. 정부의 다문화 수용성 조사결과는 그 가능성을 보여 줍니다. 외국에서 오래 살아 봤거나 길거리에서 외국인을 자주 목격하는 것만으로도 그렇지 않은 경우보다 다문화 수용성 지수가 높게 나타나고 있어요.[9] 그러나 접촉 경험을 쌓는 것만으로 문제가 해결될 수 있을까요? 어떤 조건에서 어떤 마음으로 접촉하느냐에 따라 그 경험은 전혀 다른 내용으로 기억될 것입니다.

다문화 문제가 단지 외국인들이 한국에 와서 생긴 문제가 아니란 점은 앞에서 얘기했어요. 외국인을 받아들이는 한국 사회의 구조와 속성이 맞물려 발생하는 현상인 것이지요. 피아노의 같은 색 건반에서 서로 다른 소리가 나는 것은 현의 길이와 두께가 다르기 때문이잖아요. 비단 물체만이 아니라 동일한 외부의 자극에 대해 서로 다른 태도를 보이는 것 역시 내부의 조건과 대응에 차이가 있기 때문이지요. 국내에 들어온 낯선 존재를 어떻게 대하는가에 따라 다문화로 인한 사회 현상은 다르게 나타납니다. 앞에서 살펴본 세계 여러 나라의 서로 다른 다문화는 그 예라 할 수 있습니다. 이러한 차이는 그 사회의 역사와 문화에 대한 이해, 민주주의와 인권 의식, 사회경제적 조건 등 다양한 요인들이 얽혀 일어납니다.

다문화로 일어나는 갈등은 한국 사회의 자화상과 같습니다. 다문화라는 거울에 비친 한국 사회의 모습인 것이지요. 다름을 틀림으로 이해하고, 차이를 차별로 여기는 한국 사회의 민낯이 드러나는 것이라고 할 수 있어요. 한국 사회는 차별의 시선이 강한 곳입니다. 장애인, 성소수자, 빈곤층, 한부모가정 등 사회적 소수자를 비정상으로 보는 편견이 아직 많이 남아 있습니다. 다수의 사람들과 가족 및 생활 조건이 다르고, 문화와 취향이 다르다고 해서 그 차이를 비정상으로 대하는 인식이 강한 편이지요. 한국 사회의 다문화 문제는 편견과 차별의 시선이 다문화에 그대로 적용되어 일어나는 문제입니다. 단지 외국인이라서, 혼혈인이어서가 아니라 차별적 사회에 차별의 대상이 추가된 것일 뿐이에요.

사실 지금 한국 사회의 다문화가 새로운 문제는 아니에요. 외국인

수가 적었을 때에는 잘 드러나지 않던 문제가 눈에 띌 정도로 커졌을 뿐이지요. 외국인이 급격히 증가했기 때문이기도 하지만, 이는 이전에도 있던 문제가 확대된 것에 불과합니다. 한국 전쟁 이후 미국인이 많아지면서 나타난 이른바 혼혈아에 대한 멸시, 중국계 이주민인 화교에 대한 차별 등은 오래된 다문화 문제입니다. 단지 사회에서 크게 관심을 갖지 않았을 뿐이지요. 이 역시 다문화가정이나 소수 민족에 대한 차별 의식이 만든 문제입니다. 현재의 다문화 문제는 갑자기 생긴 것이 아니라 한국 사회가 인식하지 못했거나 무시했던 문제가 외면할 수 없을 정도로 커진 것이라 할 수 있습니다.

거울에 자기 모습을 비추는 것은 제 미모에 감동하기 위한 것이 아니잖아요. 얼굴이나 옷매무새에 잘못된 것이 없는지 살피고 고치기 위한 것이겠지요. 다문화가 한국 사회의 자화상이라는 말도 같은 의미입니다. 다문화를 겪지 않았으면 좋을 문제로 여기지 말고 이를 계기로 우리 사회를 되돌아보고 성찰하자는 것입니다. 만일 다문화가 혼란과 고통으로 나타난다면 그것은 한국 사회에 병이 있다는 반증일 수 있습니다. 혼란과 고통을 이유로 다문화를 배격하는 것은 문제의 근원을 보지 못하는 행동입니다. 오히려 이를 계기로 한국 사회에 편견에 의한 부당한 차별은 없는지, 역사와 문화에 대한 인식이 어떠한지, 그리고 민주주의와 인권 의식이 제대로 갖추어져 있는지를 돌아보아야 합니다. 그러한 반성을 통해 부족하거나 잘못된 점을 바로잡는다면 한국 사회가 그만큼 발전하지 않을까요?

다문화를 받아들인다는 것은 우리의 변화를 인정하는 것입니다. 익숙해진 우리의 의식과 태도 변화 없이 수용하는 다문화는 갈등과 대립을 불러일으킬 수 있습니다. 앞에서 살펴본 동화주의 관점은 우리에게 익숙한 것만을 고집하려는 태도입니다. 익숙하지 않은, 이질적인 것과의 만남은 어색하고 불편할 수 있어요. 자칫 갈등과 혼란을 일으킬 수도 있고요. 하지만 사회 발전은 그런 과정을 통해 이루어지기도 합니다. 낯선 것과의 만남은 자신의 의식과 문화를 돌아보게 합니다. 자신을 객관적으로 살펴보게 하고, 타인의 눈으로 자신을 볼 수 있게 함으로써 세상을 보다 넓고 깊게 이해할 수 있게 하지요.

다문화는 근본적으로 나와 다른 타인을 대하는 태도의 문제입니다. 나와 다른 문화를 가진 낯선 타인을 나와 동등한 권리와 가치를 지닌 존재로 인정하고 존중하는 문제입니다. 그러기에 이주민을 대하는 문제와 한국의 사회적 약자를 대하는 문제가 연관될 수 있습니다. 다문화를 반대하는 사람들 일부의 주장대로 외국인을 모두 쫓아내면 다문화 문제가 일시적으로는 해결될 수 있을지도 모릅니다. 하지만 그렇다고 해도 다문화를 통해 드러난 한국 사회의 근원적인 문제는 해결되지 않아요. 나와 다른 존재를 차별하고 억압하는 문제는 그대로 남겠지요. 다문화를 외부에서의 문화적 침입이나 동정과 시혜의 문제로 보지 않고 우리 자신을 성찰하는 계기로 삼아야 하는 이유가 여기에 있습니다.

이주민이라면
이렇게

'국경 없는 마을' 또는 '다문화특구'로 불리는 안산의 원곡동입니다. 밤이 되자 사람들이 광장으로 모여듭니다. 흔히 '만남의 광장'으로 불리는 곳인데요. 나무 주변 의자에 나란히 앉아 얘기를 나누는 사람들도 있고, 각자의 휴대전화 화면을 뚫어져라 쳐다보는 사람들도 있습니다. 한국의 여느 공원의 모습과 다르지 않아 보이네요. 그런데 어디선가 한 무리의 사람들이 광장 넓은 곳으로 나서더니 갑자기 음악 소리가 크게 울립니다. 사람들이 저마다 짝을 지어 춤을 추기 시작합니다. 남녀 한 쌍이 대부분이지만 여성끼리 짝을 지은 경우도 있네요. 주변에서 구경하는 사람들까지 포함해서, 마치 무도회가 열린 듯합니다. 바로 조선족들의 '무도(舞蹈)'라고 하는데요. 말 그대로 모여서 춤을 추는 것이지요. 만남의 광장에서는 꽤 유명한 문화 행사입니다. 중국에서는 사람들이 광장에 모여 춤을 추는 이런 무도가 흔한 일이랍니다.

고향에서 즐겨 왔던 문화이고 낯선 땅에서 살아가는 고달픈 마음을 달래느라고 그러는 것이겠지만, 이 때문에 종종 실랑이가 벌어진다고 합니다. 한국인 주민들이 시끄러워 밤에 잠을 잘 수 없다고 신고하는 바람에 경찰이 출동하기도 하고요. 그렇다고 이들의 모임이 금세 끝나지도 않는가 봐요. 춤을 추던 사람들이 순순히 해산하기는커녕 "춤을 추는 것이 무슨 잘못이냐"라며 경찰에 항의하면서 오히려 소란스러워진다고 하네요. 만남의 광장에서는 이런 실랑이가 자주 벌어진다고 하는데, 상황이야 그때그때 해결되겠지만 조선족 이주민과 한국인 주민들 사이에 앙금이 쌓였겠지요. 서로 어떻게 생각하고 있을까요? 조선족은 주민들의 신고가 시끄러워서가 아니라 자신들의 문화를 무시하고 배척하는 의식에서 나온 것이라 생각합니다. 반면에 주민들은 조선족의 무도를 문화 활동이 아니라 남의 나라에서 염치없이 떠드는 행동으로 받아들입니다.[10]

음악을 틀어 놓고 춤을 즐기는 것이 조선족에게는 문화 활동이지만, 주변 주민들에게는 밤의 평온을 깨는 일입니다. '남의 나라'에서, 조선족이 해서 문제가 되는 것이 아니라 누가 하더라도 다른 사람의 권리를 침해하는 일이 될 수 있지요. 남의 나라라 할지라도 이주민에게도 자신의 고유한 문화를 지키고 향유할 권리가 있습니다. 그렇지만 그것이 타인의 권리를 침해할 수 있는 절대적 권리는 아닙니다. 한국인이라고 해서 그럴 권리를 보장받고 있지도 않습니다. 문화 활동일지라도 타인의 생활에 방해가 된다면 그것은 권리의 향유가 아니라 타인의 권리를 침해하는 것이지요. 물론 이는 소음에 따른 주민들의 고통이 경찰을 불러야 할 만큼 크다고 할 때 타당한 말이지만요.

　서울 대림동이나 안산 원곡동 등 이주민이 많이 모여 사는 곳에서 한국인 주민들과 빚어지는 갈등에는 공중도덕과 관련된 문제가 적지 않습니다. 그곳의 한국인들에게 이주민은 '담배꽁초와 쓰레기를 함부로 버리는 놈들', '아무 데서나 시끄럽게 떠드는 놈들'로 여겨지기도 합니다. 이주민에 대한 부정적 인식 때문에 나온 편견일 수 있지만, 그런 편견을 확산시키는 역할을 스스로 하고 있는 것은 아닌지 이주민도 돌아볼 일입니다. 거리에 담배꽁초를 버리고 아무 데나 침을 뱉는 따위의 행동은 한국인에게서도 볼 수 있는 일입니다. 그러나 이주민이 그런 행동을 할 때에는 아무래도 더 눈에 띌 수밖에 없겠지요. 이주민들의 행동이라고 해서 더 예민하게 보거나 이를 그들 일반의 문제로 확대 해석하는 한국인들의 태도도 타당하지는 않지만, 그것에 항의하는 것만으로는 문제가 해결되지 않습니다. 쓰레기 등을 함부로 버리는 행동은 단순히 쓰레기 처리의 문제가 아니라 한국의 공공질서와 규범을 무시하는 행동으로 비춰질 수 있어요. 또 이주민이라고 해서 자기가 사는 곳에 아무런 책임을 느끼지 않는 행동으로 보일 수 있고요. '자기네 나라 아니라고' 함부로 행동한다는 것이지요. 이런 인식은 이주민을 일시 체류자, 지나가는 뜨내기로 여기게 합니다. 함께 살아가야 할 존재로 다가오지 않고 떠나보낼 대상으로 생각하게 만들 뿐입니다. 서로 이해하고 존중해야 할 이웃이라는 인식을 갖기 어렵게 만드는 것이지요. 이런 인식이 확산되면 이주민들이 한국에서 생활하는 데 불리하게 작용할 수 있습니다. 자신만이 아니라 이후 한국에 와서 자신과 같은 처지의 삶을 살아가게 될 다른 이주민에게도 나쁜 영향을 주게 됩니다.[11]

돈을 벌기 위해서든 공부를 하기 위해서든 잠시 머무는 곳이라 해도 그 나라에 사는 사람들의 삶을 존중하고 '지킬 것은 지켜 주는 것'이 올바른 자세입니다. 다른 나라를 여행하는 한국인에게도 필요한 자세이지요. 쓰레기 종량제 봉투를 사용하지 않거나 소음을 유발할 때 주변 사람으로부터 지탄을 받는 것은 한국인도 마찬가지입니다. 물론 그렇다고 "너희 나라로 돌아가라"라는 소리를 듣지는 않지만요. 정도를 넘어선 비난과 적대를 거두는 것은 선주민의 몫입니다. 하지만 이주민 역시 한국 사회가 오랜 기간에 걸쳐 쌓아 온 공공질서와 규범을 존중하는 모습을 보여야 하지 않을까요? 오랜 기간 동안에 쌓여 온 규범이라는 것은 처음부터는 아닐지라도 이제는 상식적인 가치가 되었다는 의미입니다. 굳이 지적하지 않아도 지킬 것이라는 기대가 당연하고, 그 당연한 것이 지켜지지 않을 때 민감하게 반응할 수 있는 것이지요.

앞에서 본 무도를 둘러싼 조선족과 한국인 주민 사이의 갈등은 어디서 비롯되었을까요? 여기에는 문화 차이, 사교댄스라는 춤에 대한 인식의 차이가 있습니다. 특히 나이 든 한국인 주민들에게는 춤이 건전한 문화 활동이 아니라 퇴폐적인 행위라는 선입관이 있습니다. 춤을 난잡한 것으로 여기게 한 시대의 영향이 있었지요. 이러한 갈등을 해결하려면 그 차이를 이해하려는 서로의 노력이 필요합니다. 한국인 주민들은 조선족의 무도를 공중도덕의 문제로만 보지 않고 그들 문화로 인정하려는 자세가 필요할 테고, 이주민들은 무도를 아무 곳에서나 할 수 있는 것이라고 무조건 주장하기보다 한국인의 문화와 정서를 고려해 조심할 필요가 있을 거예요.

다문화 사회는 함께 만들어 나가야 합니다. 지배적인 다수이며 상대적으로 강자의 위치에 있는 한국인에게 더 많은 그리고 주도적인 책임과 역할이 요구되지만, 오로지 한국인의 책임만을 강조할 수는 없습니다. 다문화 사회의 동등한 구성원으로서 이주민의 노력도 있어야 합니다. 문화적 차이는 한국인 주민과 이주민 모두가 서로에게서 느끼는 것이니까요. 차이를 차별 의식으로 표출할 수 있는가 없는가만 다를 뿐이지요. 서로의 차이를 이해하고 존중하도록 노력해야 할 책임은 양쪽 모두에 있습니다. 한국의 공중도덕을 이해하고 준수하도록 요청해야 할 책임이 한국인 주민에게 있다면, 자신들의 문화 특성을 알리고 이해하도록 설득할 책임은 조선족에 있는 것입니다. 조선족의 무도만이 아닙니다. 필리핀이든 네팔이든 고향에서 혹은 조상 대대로 간직해 온 문화를 어디서든 이어 갈 권리는 누구에게나 있지만, 한국의 상황

■ 중국에서는 1945년 이전 만주의 간도 지역으로 이주해 간 한민족을 가리켜 '조선족'이라고
부른다. 중국에는 200만 명 이상의 조선족이 살고 있으며 만주 지방의 길림성에 있는 연변조선
족자치주에는 약 80만 명이 모여 살고 있다. 사진은 조선족자치주에 속한 도문시.

과 조건을 고려하여 행동해야겠지요.

이주민에게는 낯선 땅에서 생활하는 두려움과 걱정이 있겠지만,
낯선 사람들을 만나는 한국인 역시 두려움과 걱정이 있음을 이해해야
합니다. 대다수의 한국인들은 전혀 다른 외모와 문화를 가진 사람들과
섞여 살아 본 경험을 갖고 있지 못해요. 낯선 외국인과 함께 어우러져
살아가려면 어떻게 해야 하는지 이해하고 준비해야 할 것이 많아요.

물론 그것이 외국인을 차별하고 배척해도 된다는 면책 사유가 되지는 않겠지요. 그러나 다문화 사회에 맞는 의식을 가질 수 있는 기회와 시간을 주고 기다려 줄 이유는 되지 않을까요?

다문화 속 다문화

안산 원곡동 '만남의 광장' 한쪽에는 특별한 그림이 있습니다. 그리 크지 않은 금속 벽면에 세계의 위인들을 그린 그림 같은데요. 인도의 독립운동가인 간디도 보이고, 남아프리카공화국 최초의 흑인 대통령인 만델라도 보이고, 몽골 제국의 창시자 칭기즈칸도 보이네요. 그런데 한국의 위인은 보이지 않습니다. 미국이나 유럽의 위인들 모습도 전혀 보이지 않아요. 게다가 누구인지 알 수 없는 인물들도 많습니다.

이 벽면 그림은 베트남, 방글라데시, 몽골 등 아시아 각 나라의 유명한 위인들을 그린 것입니다. 안산의 원곡동에는 세계 여러 나라에서 온 사람들이 모여 살고 있습니다. 주민의 80퍼센트가 이주민인 말 그대로 '다문화 마을'입니다. 이 그림은 지역의 특성을 상징적으로 보여 준다고 할 수 있습니다. 그들 모국의 위인들이 이국땅의 한자리를 차지할 수 있게 함으로써 한국이 다양한 출신의 사람들과 그 문화를 포용하고 있다는 메시지를 전하는 것이지요. 이주민들 입장에서는 모국

■ 안산시는 전국에서 외국인 인구가 가장 많은 도시이다. 특히 원곡동 일대는 2009년에 다문화특구로 지정되면서 '국경 없는 마을'로 불리고 있다. 원곡동에는 외국인만을 위한 외국인주민센터와 여러 나라의 전통 음식을 맛볼 수 있는 다문화음식거리가 있다. 원곡동 '만남의 광장'에는 이주민들 모국의 위인을 그려 넣은 그림(위)이 있고, 외국인주민센터에는 이주민들의 국기로 형상화한 거대 조형물(아래)이 있다.

의 위인들을 보면서 낯선 나라에서의 힘든 삶을 위로받고 자긍심을 갖고 살 수 있도록 힘을 받는 의미도 있을 것입니다.

안산에는 80여 곳의 나라에서 온 외국인들이 있습니다. 그중 63퍼센트는 한국계 중국인으로 분류되는 조선족입니다. 조선족이 5만 명 가까이 되고, 그다음으로 많은 중국인은 만 명이 되지 않습니다. 다문화 마을에서 흔히 볼 수 있는 이주민은 조선족일 수밖에 없습니다. 한국에 온 외국인 중 조선족이 절대적으로 많은 것이 안산만의 특별한 현상은 아닙니다. 문제는 조선족이 압도적으로 많다 보니 마을의 특징이 '조선족 마을'로 규정되고 굴러가는 양상을 보인다는 것입니다. 그래서 말이 다문화 마을이지 실상은 '차이나타운'이라는 말도 나오는 것이지요.

만남의 광장에도 조선족들의 활동만 눈에 띄고 다른 나라 외국인들의 모습은 찾아보기 힘듭니다. 그 수가 적기도 하지만 그보다는 조선족이 광장을 독차지하다시피 하고 있기 때문이랍니다. 만남의 광장에 조선족이 모여 배구나 족구를 하면 구경하는 사람까지 합해서 그곳은 그들만의 경기장이 되어 버립니다. 무도를 할 때에도 마찬가지입니다. 광장이 조선족들의 마당이 되는 것이지요. 광장을 독점하겠다는 의도가 있어서가 아니라 광장이 그리 크지 않아서 빚어지는 현상일 수도 있습니다. 어떤 경우이든 다문화 마을의 광장에 어울리는 현상은 아니지요. 여러 나라의 다양한 문화가 함께 어울리는 곳이라기보다는 '한국 속의 중국' 같은 곳이 되고 있으니까요. 그만큼 중국계가 아닌 외국인들은 그곳에서 소외감을 느끼게 되겠지요.

한국에 온 외국인들 중 조선족이 느끼는 소외감이 더 크다는 말이 있습니다. 같은 민족의 나라라는 기대를 갖고 한국에 왔으나, 동포로 환대를 받기는커녕 냉대와 멸시를 받는다고 느끼기 때문이랍니다. 그 때문인지 원곡동처럼 조선족 다수가 모여 사는 곳은 한국인들과 대결적인 자세를 보이는 경향이 있습니다. 무도에 대한 한국인 주민의 신고를 자신들에 대한 차별로 받아들여 이를 무시하고 무도를 반복적으로 강행하려는 태도가 한 예가 될 수 있겠네요. 이런 태도는 한국인 주민과 갈등을 일으키지만 조선족끼리의 화합을 강화하는 효과가 있습니다. 더구나 조선족끼리의 결속이 수적 다수라는 조건과 결합되면 다른 외국인들에 대해 배타적인 태도로도 나타날 수 있습니다. 광장이 독점되는 현상이 그런 의도 때문에 벌어진 일이라 할 수는 없으나, 그런 우려를 배제할 수도 없습니다.

한국 정부는 2009년부터 《한국생활 가이드북》을 만들어 배포하고 있습니다. 중국어, 베트남어는 물론 네팔어, 우즈베크어를 포함해 13개 언어로 만들고 있는 이 책은 이주민의 한국 생활에 필요한 한국의 기본적인 법과 제도, 기후와 역사, 풍속 등의 다양한 정보로 이뤄져 있습니다. 정부의 말 그대로 '다문화가족과 외국인의 한국생활 조기 적응을 지원하기 위한 한국생활 종합안내서'입니다. 가이드북 외에도 한국에 온 외국인 노동자와 결혼이민자를 대상으로 하는 다문화 교육이 많은데, 주로 한국어 학습이나 풍속 소개 등 모두 한국 생활을 돕는

데 초점이 맞춰져 있지요. 물론 이런 교육도 필요하지만 이것만으로는 부족합니다.

한국 생활을 위한 실용적 안내만이 아니라 이들을 대상으로 하는 다문화 이해 교육도 필요합니다. 다문화 사회의 한 구성원으로서 어떤 관점을 갖고 어떻게 행동하는 것이 바람직한지 생각할 수 있어야 합니다. 한국인은 물론 특히 다른 나라에서 온 외국인들과도 서로 이해하고 소통할 수 있는 교육이 필요한 것이지요. 한국이라는 낯선 곳에서 만나는 한국인만큼 다른 나라의 외국인들 역시 낯설 테니까요. '한국 사회의 외국인'이라는 같은 처지임에도 그 안에서 출신 국가나 인종, 민족의 차이를 내세워 서로 배척하지 않아야겠지요. 한국 사회에서 이방인으로서 차별받는 서러움을 다른 외국인에게 전가한다면, 자신이 한국인에게 한 비난을 되돌려 받게 될 것입니다.

많은 외국인들이 서울 대림동이나 안산 원곡동 같은 외국인 밀집 주거지역에서 생활하게 되는 것을 생각하면 이런 다문화 이해 교육은 더욱 필요합니다. 이곳에서 압도적 다수를 차지하는 조선족들은 그곳의 문화적 특성을 구성하는 데 큰 영향을 끼칩니다. 이는 어쩔 수 없는 것이나, 수적 우위를 이용하는 작은 지배자처럼 비춰져서는 곤란합니다. 그런 행동을 한다면 그것은 자신이 받은 차별을 다른 소수에게 강요하는 것입니다. 소수의 다른 나라 외국인들도 자신들의 공간과 문화를 향유할 수 있도록 배려하는 자세가 필요합니다. 모든 이주민들이 서로 부담 없이 어우러질 수 있도록 말이지요.

안산을 두고 어떤 외국인 노동자는 이렇게 말하더군요. "우리 고향 같은 곳이에요." 안산은 정말 외국인들에게 고향 같은 도시일 수 있습니다. 많은 이주민들이 새로운 꿈을 안고 낯선 한국에서 삶을 시작하는 곳이니까요. 그곳에서는 모국에서 온 동포와 함께 자신과 비슷한 처지의 다른 나라 이주민들을 만날 수 있습니다. 한국의 다른 도시에서는 외면을 받지만 그곳에는 그들이 이용할 수 있는 은행이 있고, 모국의 가족과 소식을 주고받을 수 있는 통신이 있어 편리합니다. 많은 사람들이 드나들지만 늘 새로운 사람들이 이곳에서 타국의 삶을 시작할 것입니다.[12]

그런 곳이 쓰레기와 담배꽁초가 널려 있는 지저분한 곳이라는 오명을 얻는 것은 바람직하지 않겠지요. 고향 같은 그런 곳이 외국인들끼리 싸움이 끊이지 않고, 범죄가 많이 일어나는 위험한 곳이라는 비난을 받아서는 곤란합니다. 어떤 경우든 이주민들에 대한 나쁜 인상을 퍼트리는 결과를 낳을 뿐입니다. 외국인 밀집 주거지역에서 나오는 소문들은 한국인들의 다문화 이해와 관점에 영향을 주기 마련입니다. 외국인이기에 마을 운영의 행정적 책임과 권한을 갖고 있는 것은 아니지만, 사는 지역을 스스로 깨끗이 하고 가꾸는 노력을 보여 줄 필요는 있습니다. 이곳을 살다 가는 외국인들이 무책임한 뜨내기가 아니라는 인식을 한국 사회에 심어 주는 것이 좋지요. 그런 노력의 대열에 앞장서고 다른 외국인들의 협조를 이끌어 내는 역할을 다수인 조선족이 맡는다면 조선족에 대한 호감도 높아지지 않을까요?

4

미래를 위한 다문화

다문화와 민주주의의 발전

트로이 목마. 지금은 컴퓨터 바이러스로 더 알려져 있지만, 10여 년간 수많은 영웅들의 죽음 속에서도 끝나지 않던 고대 트로이 전쟁이 이 목마에 의해 그리스군의 승리로 끝났다는 신화로 유명하지요. 전사들이 숨은 목마를 놓아 둔 채 그리스군이 철수를 하였고, 성 안에 버티고 있던 트로이군이 이 목마를 들여간다는 얘기는 모두 잘 알 겁니다. 그때 목마를 성 안으로 들여놓는 것에 반대한 사람이 있었습니다. 라오콘이라는 제사장이었지요. 그러나 승리에 취한 다수의 트로이인들은 목마가 성을 지켜 줄 것이라고 믿었습니다. 목마가 행운을 준다며 서로 만져 보려고 다투기까지 했습니다. 트로이의 왕은 라오콘이 아닌 이들의 말을 따랐고, 성은 함락되었습니다.

라오콘의 경고를 무시하지 않았다면, 다수의 여론이 아니라 소수의 주장에도 귀를 기울였다면 트로이의 운명은 달라지지 않았을까요? 흔히 '민주주의는 다수결'이라는 생각이 널리 퍼져 있습니다. 그러나 다수결은 의사결정 방식의 하나일 뿐, 그것이 민주주의를 상징하거나 대표하지는 않습니다. 다수의 주장이나 의견이 소수의 그것보다 더 옳거나 합리적인 것은 아닙니다. 다수의 의견에 따라 결정된 일은 다수의 생각이 그렇다는 것일 뿐이지요. 다수의 선택은 소크라테스에게 독약을 마시게 했고, 히틀러가 독일의 권력을 잡게도 했습니다. 다수결 제도가 나쁘다는 주장을 하는 것이 아닙니다. 현대 국가에서 국민의 대표자를 뽑거나 주요 정책을 결정하기 위해 다수의 견해에 따르는 것은 불가피합니다. 다만 다수결에 따른 결정이 무조건 옳다거나 민주주의의 절대 원리로 이해해서는 안 된다는 것입니다.

다수결의 전제는 평등입니다. 귀족, 부자, 남성 등 특정 신분이나 계층, 성(性)에 의해 나라의 의사결정이 독점되었던 불평등, 즉 차별을 해결한 것이 민주주의입니다. 인간이라면 모두 동등한 권리를 갖고 있다는 정신을 실현한 것입니다. 자기 삶의 주체로서 사는 데 필수인 자유는 평등을 기초로 합니다. 삶의 지향이나 정체성을 스스로 선택할 수 없다면 자기 삶의 주인일 수 없고, 성(性)이나 신분 차이로 차별을 받는 사람이 그런 자유를 누릴 수는 없으니까요. 누군가 외모나 언어,

종교 등의 차이로 불평등한 차별을 받는다면 그곳은 자유롭지 못한 사회일 것입니다.

민주주의의 이념으로서 자유와 평등이 강조되는 이유는 그것이 인간이라면 누구나 동등하게 가져야 하는 존엄성과 행복을 추구하는 기본 조건이기 때문입니다. 민주주의는 의사결정 방식과 같은 특정 제도가 아닌 그 정신으로 이해해야 합니다.

1987년 6월 항쟁으로 대통령 직선제를 이룬 이래 한국의 민주주의는 많이 발전해 왔습니다. 쿠데타 등에 의해 정부가 전복되는 일은 더 이상 가능하지 않고, 민주적 절차에 따라 권력이 바뀌도록 확립되어 왔습니다. 지방자치도 폭넓게 이뤄지고 있고, 진보정당도 합법적으로 활동하고 있습니다. 이런 변화는 분명 과거보다 좋아졌다고 말할 수 있어요. 그러나 이러한 정치적 변화만큼이나 한국 사회의 다양한 계층과 집단에 속한 이들이 골고루 평등과 자유를 누리고 있다고 말할 수 있을까요? 저소득층, 장애인, 성소수자 등 사회적 약자의 요구와 주장이 나라의 정책결정 과정에 제대로 반영되고 있다고 할 수 있을까요? 안타깝게도 그렇지 못합니다. 한국 사회의 '평범한' 다수의 목소리에 묻히거나 외면당하고 있기 때문입니다. 정치가 다수의 요구와 주장만이 반영되고 결정된다면, 그것은 다수에 의한 소수의 지배이며 차별이라 할 수 있습니다. 민주주의를 다수결로만 이해한다면 이러한 문제는 해결되지 않을 것입니다.[13]

다수결은 평등한 다수의 자유로운 선택이기에 의미가 있지만, 평

■ 세상 모든 이들은 보이거나 보이지 않는 크고 작은 영향을 주고받으며 살아간다. 그래서 차이와 다양성을 존중하는 일은 누구보다 나 자신을 위해 중요하다. 누군가의 취향이 남과 다르다는 이유만으로 차별받는다면 내 취향 역시 누군가로부터 차별받을 수 있지 않을까. 타인을 존중하는 것은 곧 자신을 존중하는 것으로 이어진다.

등한 소수의 존재를 부정하거나 무시해도 되는 것은 아닙니다. 자유와 평등은 사회 구성원들이 서로의 차이를 인정하고 존중할 때 이뤄질 수 있습니다. 성(性), 빈부, 피부색의 차이가 차별이 될 수 없다는 것이 평등사상입니다. 종교와 문화가 다르다는 이유로 인간으로서의 존엄한 권리를 차별할 수 없다는 것이 평등의 이념이지요. 평등의 이념이 실현될 때에 비로소 모든 인간은 자신의 가치관과 취향에 따라 자유롭게 삶을 향유할 수 있습니다. 그런 점에서 민주주의 사상의 핵심은 '차이의 인정'이라고 할 수 있습니다. 나와 다른 사람들이 있다는 것을 인정하고 다양성을 존중하는 것이지요. 차이를 부정하는 순간, 평등은 무너지고 자유가 억압받는 결과를 낳게 될 테니까요.

민주주의의 발전은 차이와 다양성을 인정하고 공존을 추구하려는 생각과 태도가 사회 전반에 널리 퍼지고 자리 잡는 것이라 할 수 있습니다. 이런 생각이 사회 제도와 정책으로 실현되고 시민 의식의 바탕이 되는 것이지요. 사회적 약자의 생각과 요구가 한국 사회 다수의 그것과 다를지라도 그 차이를 무시하거나 억압하지 않고 정책과 제도에 담아낼 수 있어야 합니다. 다문화주의 태도는 민주주의와 깊은 관련이 있습니다. 다문화 사회는 이런 민주주의 의식에 기초했을 때 가능하며, 그 의식을 확장하는 역할을 합니다. 민주주의 발전 없이 다양한 사람들이 조화롭게 공존하는 다문화 사회는 가능하지 않지만, 그 민주주의 발전을 이루는 데 다문화가 기여할 수 있습니다.

다문화는 사회에 더 많은 차이가 나타나며 그럼으로써 다양성이 증대되는 것입니다. 다문화에 따른 사람들 사이의 차이가 외면할 수 없을 정도로 두드러지면, 이 차이를 사회 구성원들이 어떻게 이해하고 대해야 할지가 중요한 문제가 됩니다. 다문화에 대한 태도가 그 이전의 사회적 차이에 대한 태도와 무관하지 않음은 앞에서 살펴보았습니다. 차이를 차별로 대하는 경향이 강할수록 다문화에 대한 태도가 적대적일 수 있는 것이지요. 한국 사회의 사회적 약자에 대한 차별과 억압은 민주주의 의식의 문제이고 다문화에 대한 태도 역시 같습니다. 다문화주의는 차이와 다양성의 인정을 내국인만이 아니라 이주민에게로 확장할 것을 요구하는 태도입니다.

다문화는 한국의 민주주의 발전에 기여할 수 있습니다. 인종과 문화의 차이를 차별로 대해서는 안 된다는 생각은 한국 사회의 또 다른 사회적 약자에 대한 차별과 억압은 없는지 돌아보게 합니다. 피부색이 다르고 한국말이 어눌하다는 이유로 그들을 차별하지 않는 사회라면 장애인이나 성소수자를 차별하는 태도도 사라질 것입니다. 외국인 노동자의 권리를 보장하면서 한국의 비정규직 노동자들의 권리를 무시하기는 어렵겠지요? 다문화는 다양성을 인정하고 존중하게 함으로써 사회 전반에 평등과 자유의 가치가 더욱 튼튼하게 뿌리를 내리도록 할 것입니다. 올바른 다문화 사회로 나아가는 길은 민주주의를 발전시키는 일이기도 한 이유입니다.

새터민,
'먼저 온 통일'

　　다문화에 따른 문제를 해결하는 과정은 단지 현재의 문제를 해결하는 데에 그치지 않아요. 다문화가 한국의 민주주의 발전에 기여할 수 있는 것처럼, 그것은 미래를 준비하는 일이기도 합니다. 특히 남북통일을 준비하는 과정에서 다문화는 중요한 의미가 있습니다.

　　한반도 통일의 교훈으로 삼을 수 있는 나라가 있는데요. 바로 베를린 장벽 하면 떠오르는 나라, 독일이에요. 1990년에 이뤄진 동독과 서독의 통일은 분단의 상징이었던 베를린 장벽이 무너지면서 자연스럽게 이루어졌지요. 하지만 평화로운 과정과는 달리 통일 이후에 많은 후유증을 겪었어요. 공산주의와 자본주의로 대립하던 두 개의 독일이 하나의 체제로 통일했지만, 같은 독일인으로서 화합하지는 못했습니다. 서로 다른 체제에서 살던 동독과 서독 주민은 서로에 대한 이해 부족과 편견으로 갈등하였지요. 동독인은 서독인을 '거만하고 아는 체하는 베시 놈들', 서독인은 동독인을 '게으르고 불만만 많은 오시 놈들'이라고 서로를 비하하여 부르기도 했습니다. 독일을 분단시킨 장벽은 무너졌지만 독일인들 마음속 장벽은 그대로 남아 있다는 말이 나올 정도였지요. 독일의 통일 후유증은 한반도 통일이 휴전선을 제거하는 것만으로 해결되지 않는, 남북 주민 간 문화와 의식의 차이로 인해 복잡한 갈등을 겪을 수 있다는 걸 짐작하게 합니다.

■ 베를린 장벽은 1961년에 세워져 1989년에 무너졌다. 동독과 서독의 물리적 장벽은 사라졌지만 마음의 장벽은 쉽게 사라지지 않아 통일 이후에도 여러 사회적 갈등을 겪어야 했다. 독일의 통일처럼 오랫동안 서로 다른 체제에서 살아온 남북의 통일도 이러한 문제에서 자유롭지 않다. 새터민에 대한 편견을 버리고 그들과 만나는 경험은 앞으로의 통일을 준비하는 데도 많은 도움이 될 것이다.

통일은 어떤 형태로 이뤄지든 남북의 주민들이 자유롭게 교류하며 정치, 경제, 문화적으로 서로 밀접하게 연결되고 관계 맺는 것입니다. 또 다른 다문화 상황이라 할 수 있습니다. 100년 가까이 서로 다른 체제로 살아온 두 나라가 합쳐지는 것이니까요. 비록 인종과 민족적 차이는 없을지언정 오랜 분단의 역사는 가치관과 의식의 차이를 만들었고, 문화는 물론 언어의 차이까지 낳고 있어요. 통일이 단지 정치적 통일, 경제적 통합에 그치는 것이 아니라 남북의 주민들이 서로 이웃이 되고 다양한 사회생활을 공유하는 것이라 할 때, 이러한 차이는 가볍게 볼 수 없지요.

통일이 된다고 해서 이러한 차이가 한민족이라는 이름 아래 한순간에 사라질 수 있을까요? 그런 기대를 갖기에 남북은 너무 오랫동안 갈라져 대립해 왔습니다. 전쟁을 치르며 서로를 원수로 여겨 왔고, 철조망을 세우고 매 순간 적대해 왔습니다. 의식과 문화의 차이가 철조망을 거둔다고 해서 사라지는 것은 아니잖아요. 같은 민족이라는 동포 의식보다 이질감이 더 큰 상황에서 같은 민족이라고 해서 자연스럽게 서로를 이해하고 배려하는 자세를 기대하기는 어렵지 않을까요? 그렇기에 우리의 통일은 70년이 넘는 분단 기간 동안 쌓여 온 적대감과 이질감만큼이나 만만치 않은 후유증을 겪을 수 있습니다. 이때 예상되는 후유증의 일면을 새터민과 남한 주민들 사이의 관계를 통해 유추해 볼 수 있습니다.

탈북 이주민을 가리키는 새터민은 현재 3만 명을 넘어섰어요. 그런데 이들에 대한 남한 주민의 인식은 그다지 우호적이지 않습니다. 남한 사회보다 경제적, 문화적으로 뒤떨어져 있는 사람들이라 여기고, 외국인 노동자보다 부정적인 시선으로 대하기도 하지요.[14] 목숨을 건 험난한 탈북 과정에 대한 동정과 연민이 없지 않으나, 대체로 호기심을 느끼거나 기피하는 대상으로 여기는 경우가 많아요. '북에서 온 사람'으로서 거부감을 갖는 경우도 있는데, 세습독재국가라는 북한 체제에 대한 거부감이 새터민에게 그대로 옮겨진 것이겠지요.[15]

반면에 새터민들은 남한 주민들이 자신들을 업신여긴다고 생각합니다. 그 때문에 북한에서 왔다는 것을 숨기고 자신을 중국에서 온 조선족으로 소개하기도 한답니다. 새터민들은 남한 사회를 향락적이고 무질서하며 범죄가 많은 곳으로 생각합니다. 그들에게 남한 사회는 자신이 살던 체제와 문화가 너무 달라 적응하기 쉽지 않을 뿐만 아니라, 따뜻한 환대를 기대했지만 냉대를 받는 곳입니다. 이 때문에 많은 새터민들이 고통과 좌절을 겪고 있고, 일부는 범죄를 저지르거나 다시 북한으로 돌아가려 하기도 합니다.[16]

새터민을 일러 '먼저 온 통일'이라 하더군요. 통일이 되면 함께 살 사람들이 먼저 남한에 왔다는 의미이지요. 새터민들이 한국 사회에서 겪는 문제는 남북통일이 매우 이질적인 사람들이 만나 함께 어우러져 살아야 하는 익숙지 않은 상황일 수 있음을 보여 줍니다. 지금보다 훨씬 큰 규모의 다문화 상황이 펼쳐지게 되는 것이지요. 같은 민족의식을 바탕으로 화합하여 통일의 기쁨을 만끽할 수도 있으나, 한겨레라는 의식만으로 해결되지 않는 문제들로 대립할 수도 있습니다. 자칫 8천만에 이르는 사람들이 서로를 향하여 '남쪽 것', '북쪽 놈' 하며 갈등하는 심리적 분단이 이어질 수도 있는 것이지요.

그렇다면 통일을 피해야 할까요? 이것이 답일 리는 없습니다. 이런 문제를 예견하고 대비하는 통일 준비가 올바른 답일 것입니다. 정치와 경제 등의 외형적 통일만이 아니라 양측의 주민들이 서로의 존재를 인정하고 받아들일 수 있는 통일이 되도록 노력해야 합니다. 우리가 지금 다문화를 겪으며 어떤 자세와 태도를 가져야 하는지 고민하는 것처럼 말이지요. 그런 점에서 통일을 말하며 한민족이라는 동족 의식만을 강조하는 것은 바람직하지 않습니다. 한민족 아닌 이주민들에 대한 배타성을 강화하기도 하지만, 이런 태도는 남북 간에 존재하는 실질적인 차이를 무시하게 할 수 있어요. 남북 주민 간 엄연히 존재하는 가치관과 문화적 차이를 사소한 것으로 여기거나 외면하게 만듭니다. 통일에 따른 갈등에 제대로 된 해결책을 제시할 수도 없겠지요.

지금의 다문화 경험은 미래의 통일 과정은 물론 그 이후의 혼란과 갈등을 최소화하는 데 큰 밑거름이 될 것입니다. 동포도 아닌 낯선 외모와 문화를 가진 사람들과 함께 다문화 사회를 가꿔 온 경험이 통일

된 나라에서 남북의 차이를 극복할 수 있는 지혜가 될 수 있을 테니까요. 우리가 구성원 사이의 이질성을 다양성으로 수용하고 존중하며, 사회적 약자들을 이해하고 배려하는 자세를 갖춘 시민이 된다면 북한 주민들과의 차이를 보다 성숙되고 합리적인 자세로 대할 수 있지 않을까요? 다문화가 통일의 미래를 준비하는 일이라고 말하는 것은 이런 이유 때문이에요.

다르기에 아름다운 다문화

다문화는 자연스러운 현상

다문화란 한 사회에 서로 다른 문화가 다양하게 존재하는 현상이라고 말했어요. 우리 입장에서 보면 한국인과 다른 문화를 가진 여러 나라의 사람들이 한국에 많이 와 있다는 것이지요. 실제로 이미 주변에서 우리와 언어, 풍속, 문화, 생활방식 등이 다른 여러 나라의 사람들을 볼 수 있습니다. 그들은 갈수록 늘고 있고, 한국 사회의 구성원이 되어 우리와 함께 어울려 살고 있습니다. 외국인 노동자로, 결혼 이주민으로, 또는 그들의 자녀로 우리 곁에 이미 와 있는 것이지요. 어떤 모습으로 있든, 우리가 어떤 마음으로 그들을 대하든 우리와 다른 외모와 문화를 가진 그들의 존재를 부정할 수는 없습니다.

앞에서 살펴보았듯이 다문화는 어느 순간 갑자기 벌어진 사회 현상이 아니에요. 인류의 오랜 역사 속에서 늘 있어 왔고, 현재에도 우리만이 아니라 세계 곳곳에서 일어나는 일입니다. 다문화는 세계화의 다른 말이기도 해요. 세계화가 가속화될수록 다문화도 계속 확대될 테니까요. 다문화는 사회나 국가가 발전하는 과정에서 나타나는 자연스러운 현상입니다. 많은 사회 현상이 그렇듯, 다문화 역시 우리가 어떻게 대응하느냐에 따라 다른 결과를 낳을 것입니다. 다문화가 사회를 조화롭게 발전시키는 계기가 되거나 혹은 갈등과 혼란의 원인이 되는 것은 단지 조건과 상황의 문제만은 아닙니다. 사회 구성원의 주체적 대응에 따라 크게 달라질 수 있는 문제입니다.

다문화로 인해 누구도 원하지 않는, 그리고 가벼이 볼 수 없는 혼란과 갈등이 일어날 수도 있습니다. 불편하고 언짢은 일들이 자꾸 생길 수도 있습니다. 국민보다 외국인을 더 대우한다는 역차별 주장이 계속 나올 수 있고, 외국인 범죄의 위험성에 대한 논란도 끊이지 않을 것입니다. 외국인 노동자 때문에 일자리가 줄어든다는 항의 역시 그치지 않을 것입니다. 이러한 논란이 지속되면서 다문화에 대한 부정적 생각이 더 커질 수도 있습니다. 외국인이든 결혼 이주민이든 모두 한국 사회에서 사라지면 해결될 것이라는 극단적인 생각이 자라날 수도 있겠지요. 이런 생각을 실천에 옮기려는 극단적인 주장이나 행동이 나타날 수도 있지만, 그 속에서도 다문화는 지속될 것입니다.

어찌 보면 한국 사회에 다문화를 둘러싼 갈등이 일어나는 것 자체가 다문화 사회 현상의 한 측면이라 할 수 있습니다. 낯선 사람들, 낯선 문화가 서로 만나 처음부터 조화를 이루기는 쉽지 않지요. 낯선 존재들이 서로 준비 없이 마주하게 될 경우 어색하고 불편하고, 그로 인해 갈등이 발생할 수 있습니다. 이 때문에 피해나 불이익을 받는 사람들이 있다면 갈등은 더 격렬한 형태로 나타날 테지요. 서로가 공존을 위한 관점과 자세를 갖출 때까지 갈등은 계속될 것입니다.

누차 강조하듯이 다문화는 인류 문화 발전의 자연스러운 현상입니다. 인류 문화는 서로 다른 문화가 만나고 섞이면서 발전해 왔으니까요. 당장에 갈등이 있다고 해서 다문화를 거부하거나 피하는 것은 올바른 태도가 아닙니다. 다문화로 나타난 갈등을 조절하고 해결하는 방법을 터득하는 것이 중요하지요. 그 방법은 각 나라가 처한 환경과 조건에 따라 다를 것입니다. 가장 먼저 필요한 것은 갈등 그 자체를 부정적으로 보지 않는 태도입니다. 갈등을 사회 발전 과정의 자연스러운 현상으로 받아들이고, 평화적이고 합리적으로 해결하려는 자세가 필요합니다. 나아가 갈등을 해결해 나가는 과정을 사회 발전의 동력으로 삼는 것입니다. 다문화로 인한 갈등 역시 마찬가지입니다. 이를 해결하는 과정에서 사회와 문화 발전에 대한 이해를 높이고, 그럼으로써 사회가 한층 더 성숙하고 발전할 가능성을 얻는 것이지요.

차이를 이해하고 존중하는 태도

다문화로 인한 사회 문제는 외국인에 대한 혐오와 배척, 결혼 이주민과 그 자녀에 대한 차별과 멸시, 외국인 범죄의 증가 등 여러 양상으로 나타납니다. 외국인 노동자와 한국인 노동자의 일자리 및 임금 갈등, 주거지역에서의 이주민과 한국인 주민의 갈등도 있습니다. 모두 이주민의 등장으로 생기는 문제들이지요. 그래서 그들의 존재 자체가 문제인 것처럼 이해되고, 그들이 사라지면 문제가 해결될 것으로 여겨지기도 합니다. 그러나 이는 한국 사회에 이주민이 급격히 증가하면서 나타난 문제이기는 하나, 없던 문제가 새로이 생긴 것은 아닙니다. 우리의 의지와 상관없이 갑자기 벌어진 일도 아니고요.

다문화로 인한 사회 문제는 이전부터 우리 사회가 안고 있는 문제점이 다문화를 통해 드러나는 것뿐입니다. 드러나는 모습이 다를 뿐 문제의 성격은 크게 다르지 않아요. 그것은 우리 사회에 내재해 있던 사회적 약자에 대한 편견과 차별의 문제이기 때문입니다. 장애인, 성소수자, 한부모가정, 저소득층 등 사회적 약자에 대한 편견과 차별이 외국인과 이주민 등 새로운 약자에게서 나타나는 것이지요. 차별적 태도가 강한 한국 사회의 특성이 다문화에 그대로 드러나는 문제인 셈입니다.

다문화로 인한 사회 문제는 외국인 노동자나 다문화가족 등에게 특별히 온정의 태도를 보인다고 해서 해결되지 않습니다. 우리 사회의 차별적 구조와 시선을 거둬 내는 방향으로 이뤄져야 합니다. 외국인과 다문화가족 등을 포함한 우리 사회의 모든 사회적 약자에 대한 편견과 차별을 해소하는 방향으로 나아갈 때 바람직하게 풀릴 수 있지요. 한국 사회가 그런 방향으로 나아가기 위해서는 정책과 제도도 중요하지만, 시민 의식 또한 중요합니다. 시민 의식이 뒷받침되지 않는 정책과 제도는 실효를 거두기 어렵습니다.

그래서 다문화 이해 교육이 필요합니다. 사람들의 조건과 상황에 맞는 다양한 형태의 교육이 있어야 합니다. 직장, 군대 등 여러 사람이 모이는 곳에서도 다문화 이해 교육이 필요하지만, 무엇보다 학교 교육이 꼭 필요합니다. 우리 사회의 어린 세대들과 다문화가정의 자녀들이 처음으로 함께 만나고 생활하는 곳이기 때문입니다. 다문화 이해 교육은 다문화가 지금의 그리고 우리만의 일이 아니라는 것을 알 수 있도록 해야 하고, 서로 다른 문화 정체성을 가진 사람들 사이의 차이를 이해하고 존중하는 관점을 갖도록 해야 합니다. 그렇게 된다면 거리와 이

웃에서 만나는 외국인이나 다문화가정의
자녀들을 두려움과 거부감 없이 대할
수 있게 될 것입니다.

　물론 다문화 이해 교육이라고 해
서 꼭 다문화에 관한 것으로 한정할 필요는 없어요.
모든 부당한 편견과 차별을 이해하고 이를 거부할
수 있는 반(反)차별 교육으로 나아가는 것이 좋겠지요. 부당한 편견과
차별이 한 사람의 인격과 삶을 파괴할 수 있다는 것을 이해할 수 있어
야 하니까요. '병신', '튀기', '깜둥이', '짱깨' 등 특정 사람이나 인종, 국
가에 대한 편견을 낳는 차별적 언어를 거부할 수 있는 자세가 필요합
니다. 사회적 약자의 처지를 이해하고 배려할 줄 아는 자세를 갖춘다
면 이런 차별과 조롱의 언어도 사라지지 않을까요? 나와 다른 문화 정
체성을 가진 사람들의 존재를 이해하고 존중할 줄 아는 자세는 자유와
평등의 가치를 추구하는 민주주의 시민 의식의 기초이기도 합니다.

　다문화 문제의 본질은 타자에 대한 태도에 있습니다. 타자란 나
아닌 다른 존재를 말해요. 그럼에도 나와 관계를 맺고 있고, 나의 생각
과 삶에 영향을 주는 존재입니다. 그런 점에서 다문화는 나(우리)와 다
른 인종, 다른 민족, 다른 국적의 존재, 즉 타자에 대해 갖는 태도의 문
제입니다. 생김새도 문화도 다른 사람들을 어떤 태도로 만나고 관계를
맺을 것인지의 문제인 것입니다. 세계는 물론 사회도 나와 수많은 타
자가 서로 만나는 곳입니다. 그들은 나에게 타자이지만, 나는 그들의

타자이기도 합니다. 세상은 수많은 타자들이 어우러져 사는 곳입니다. 그렇기 때문에 관용의 정신이 강조되는 것이겠지요.

관용은 단순히 남에게 너그러운 태도가 아닙니다. 서로의 차이를 이해하고 존중하는 태도입니다. 서로가 다른 생각과 문화를 갖고 살 수 있다는 사실을 인정하며 그 차이를 받아들이는 것이지요. 상대와 서로 동등한 입장에서 차이를 인정하는 것입니다. 따라서 관용의 정신은 차이를 근거로 우월과 열등을 따지거나 정상과 비정상을 판단하지 않습니다. 나와 다르다고 해서 그것을 틀린 것으로, 잘못된 것으로 규정하고 배척하는 것은 관용의 태도라 할 수 없겠지요. 차이가 배척의 이유가 될 때 나 역시 같은 이유로 다른 누군가에게 배척될 수 있지 않을까요?

'여럿으로 이뤄진 하나' 다문화 대한민국

대한민국이 다문화 국가가 된다고 해서 나라가 분열되어 갈등과 혼란에 빠지게 될까요? 일시적으로 또는 외형적으로는 그렇게 보이는 현상이 나타날 수도 있습니다. 하지만 분열과 갈등이 다문화의 예정된 결론은 아닙니다. 우리의 대처에 따라 달라질 수 있는 문제입니다. 외국인 혐오에 의한 것이 아니라면 사회적 분열과 혼란에 따른 우려가 다문화를 반대하는 '순수한' 이유일 것입니다. 단일한 정체성을 가진 사람들의 사회여야 사회적 분열과 혼란이 없을 테고, 그런 사회여야 더 발전할 수 있다고 생각하는 것이지요. 하지만 이런 생각이 옳은 것인지는 깊이 생각해 봐야 합니다. 왜 서로 다른 것이 뒤섞이면 분열과 혼란이 벌어진다고 걱정할까요? 굳이 다문화가 아니더라도 우리는 서로 다르지 않나요?

하나의 민족적, 문화적 정체성을 가진 사람들로만 구성되어야만 사회가 통합되고 발전하는 것은 아닙니다. 오히려 단일한 정체성을 고집할 때 내부의 다양한 차이를 억압하고 배척하게 되고, 그로 인한 갈등이 사회를 갈라지게 만들 수 있어요. 다수의 지배적인 생각이나 주장에서 벗어난 의견을 사회가 용인하기 힘들 테니까요. 각각의 문화적 정체성을 인정하는 속에서 그 차이를 아우르는 보다 높은 차원에서 통합을 지향할 때 사회가 발전할 것입니다.

'여럿으로 이뤄진 하나.' 건국 이래 미국이 국새와 화폐에 새겨 사용하는 말입니다. 과거 오바마 대통령이 '미국의 신조'라고 강조하기도 했던 이 말은 다양한 뿌리를 가진 이주민의 국가인 미국 사회가 지향하는 가치를 상징합니다. 다문화 대한민국 역시 '여럿으로 이뤄진 하나'의 공동체라 할 수 있습니다. 다문화 사회로서 각각의 출신 배경은 다를 수 있으나, 대한민국이란 하나의 공동체로서 역사와 공통의 문화를 함께 만들어 가는 것이니까요.

다문화 시대를 사는 올바른 자세는 나와 다른 문화를 가진 사람들과 더불어 살아가는 지혜와 태도를 갖춘 시민이 되는 것입니다. 그러려면 다문화 사회가 서로 다른 문화와 역사적 배경을 가진 사람들로 구성된 사회임을 인식하고, 다양한 구성원 사이의 차이와 낯섦이 서로의 관계로 이루어진다는 점을 이해해야겠지요. 이주민들을 차별하지 않고 동등한 사회 구성원으로 대우한다면, 이주민들 역시 한국 사회에 거부감과 적대감을 갖지는 않을 것입니다. 다양성을 더욱 발전된 문화를 창조하는 역동적인 자원으로 받아들일 수 있게 되면 여럿으로 이뤄진 다문화 대한민국은 분열과 혼란이 아니라 화합과 조화를 통해 발전하는 나라가 될 수 있을 것입니다.

'여럿으로 이뤄진 하나'의 공동체라 해도 다문화 대한민국의 발전을 위한 큰 책임과 역할은 선주민인 한국인이 해 나갈 수밖에 없을 것입니다. 현재의 대한민국을 세우고 발전시켜 왔으며, 인종이나 민족의 구성에서 압도적 다수를 차지하고 있으니까요. 한국인들은 한국의 정치와 경제, 사회 모든 방면에서 주도적인 지위에 있고 역할을 하고 있는 만큼 한국의 다문화가 분열과 혼란으로 빠지게 될지, 조화와 발전으로 나아갈지에 대한 역할과 책임도 더 많이 갖고 있습니다. 다문화 대한민국의 미래를 가꾸는 데 상당 부분이 한국인에게 달려 있다는 것입니다. 수적 우위가 있다고, 이 땅에 대한 주인 의식을 갖고 있다고 해서 그것이 소수의 다른 민족들을 지배하는 권력일 수는 없습니다. 이주민들의 노력 역시 필요한 것이지만, 이들을 받아들이는 선주민이자

지배적인 다수로서 한국인들이 더 많이 이해하고 배려하려는 포용의 태도를 보여야 하지 않을까요?

다문화 대한민국, 분열과 갈등이 아니라 각각의 개성과 정체성이 평등하게 존중받고 평화롭게 화합하는 사회로 나아가는 꿈, 우리가 먼저 꿀 때 가능합니다.

주

1장 다문화, 우리들 이야기

1 〈2015년 외국인주민 현황〉, 행정자치부, 2015.

2 〈다문화가족 관련 연도별 통계현황〉, 여성가족부, 2015.

3 〈2015년 외국인주민 현황〉, 행정자치부, 2015.

4 〈제2차 외국인정책 기본계획〉, 법무부 출입국·외국인정책본부, 2012.

5 '세상엔 黃·白 인종만 있지는 않죠', 한국일보, 2004.07.16.

2장 다문화 대한민국의 민낯

1 〈인간의 두 얼굴 II – 2부 아름다운 세상〉, EBS 다큐 프라임, 2009.04.28.

2 '세상엔 黃·白 인종만 있지는 않죠', 한국일보, 2004.07.16.

3 '우린 백인 교사를 원합니다', 쿠키뉴스, 2014.11.29.

4 '세상엔 黃·白 인종만 있지는 않죠', 한국일보, 2004.07.16.

5 '우린 백인 교사를 원합니다', 쿠키뉴스, 2014.11.29.

6 〈다문화가족 실태조사 보도자료〉, 여성가족부, 2013.02.26.

7 〈South Korean Views on Race Linked to Economics〉, *The Wall Street Journal*, 2014.09.11.

8 《나마스테》, 박범신 지음, 한겨레출판, 2005.

9 '같이 가요 다문화가족, 함께 키워요 다문화인재', 문화체육관광부 국민소통실 정책뉴스, 2014.10.23.

10 〈제2차 외국인정책 기본계획〉, 법무부 출입국·외국인정책본부, 2012.

11 "이주아동권리보장법' 10년 뒤면 '프랑스 폭동'처럼 될 수도', 뉴데일리, 2015.01.15.

12 헌법재판소 판례, 99헌마494, 2001.11.29.

13 〈2015 범죄분석〉, 검찰청, 2015.

14 〈외국인 밀집지역의 범죄와 치안실태 연구〉, 최영신·강석준, 한국형사정책연구원, 2012.

15 〈외국인 범죄에 대한 언론보도와 문화계발효과〉, 박상조, 서울대학교 대학원, 2015.

16 〈한국정부의 다문화정책과 민족말살〉, 조동환, 중앙대학교 문화콘텐츠기술연구원, 2012.

3장 다문화 발자국

1 〈고등학교 한국사 교과서의 고대문화교류 서술방안〉, 한재혁, 연세대학교 교육대학원, 2013.

2 '바보 온달은 사마르칸트 왕족의 아들?', 주간조선, 2011.05.09.

3 《삼국사기》 제45권 열전 제5.

4 《나당전쟁사 연구》, 서영교 지음, 아세아문화사, 2007.

5 '페르시아인들 경주를 활보하다', 동아일보, 2008.04.05.

6 《고려사절요》 제15권 기묘6년(1219), 한국고전번역원.

7 〈17세기 조선의 다문화정책과 다문화 가정교육에 관한 연구〉, 경혜영, 경기대학교 일반대학원, 2014.

8 《고려시대의 귀화인 연구》, 박옥걸 지음, 국학자료원, 1996.

9 《아랍문화사》, 전완경 지음, 한국학술정보, 2013.

10 《태조실록》, 태조4년 12월 14일, 한국고전번역원.

11 〈朝鮮 太宗代의 東北面 女眞政策〉, 박정민, 전북대학교 대학원, 2007.

12 〈청소년의 다문화 인식조사를 통해 본 청소년 다문화 교육 필요성에 관한 연구〉, 곽연희, 중부대학교 원격대학원, 2012.

13 《세종실록》 세종5년 2월 21일, 한국고전번역원.

14 〈조선 사회의 문화적 소수자, 향화인〉, 최선혜, 인간연구, 2007.

15 《효종실록》, 효종4년 8월 6일, 한국고전번역원.

16 《항해와 표류의 역사》, 김영원 · 신동규 지음, 솔출판사, 2003.

17 《하멜표류기》, 헨드릭 하멜 지음, 김태진 옮김, 서해문집, 2003.

18 〈17세기 조선의 다문화정책과 다문화 가정교육에 관한 연구〉, 경혜영, 경기대학 교 일반대학원, 2014.

19 〈다문화사회 통합정책 비교 연구 : 독일, 프랑스, 미국 및 캐나다의 다문화사회 비 교〉, 김지윤, 숙명여자대학교 국제관계대학원, 2012.

20 〈이민정책의 국제비교〉, 이규용 외, 한국노동연구원, 2015.

21 〈2005년 프랑스 '소요 사태'와 무슬림 이민자 통합문제〉, 박단, 프랑스사연구, 2006.

22 〈한국과 외국의 다문화 사회통합정책에 관한 비교연구 : 모형별 특성과 한국에 대한 시사점을 중심으로〉, 최정은, 동국대학교, 2013.

23 〈유럽 사회와 무슬림 이주민간의 갈등과 다문화주의의 위기 : 영국과 프랑스 사 례를 중심으로〉, 김향숙, 부산대학교 국제전문대학원, 2012.

24 〈다문화사회 통합정책 비교 연구 : 독일, 프랑스, 미국 및 캐나다의 다문화사회 비 교〉, 김지윤, 숙명여자대학교 국제관계대학원, 2012.

25 위의 논문.

26 〈한국과 외국의 다문화 사회통합정책에 관한 비교연구 : 모형별 특성과 한국에 대한 시사점을 중심으로〉, 최정은, 동국대학교, 2013.

27 〈이민정책의 국제비교〉, 이규용 외, 한국노동연구원, 2015.

28 위의 논문.

29 〈다문화 사회의 언어 정책 연구 : 한국과 일본의 언어 정책 비교를 중심으로〉, 이시다 사키, 계명대학교 대학원, 2012.

30 위의 논문.

31 〈일본의 외국인 노동자정책에 관한 연구〉, 최윤선, 이화여자대학교 대학원, 1999.

32 〈다문화와 결혼이주여성 : 한국과 일본의 정책비교〉, 김무송, 서울시립대학교 일반대학원, 2014.

33 〈한국과 일본 다문화교육의 비교 분석과 함의〉, 박소민, 경희대학교 교육대학원, 2009.

34 〈지방자치단체 다문화정책 한 · 일 비교연구 : 다문화공생사회 실현을 위하여〉, 김영화, 연세대학교 정경대학원, 2009.

35 〈이민정책의 국제비교〉, 이규용 외, 한국노동연구원, 2015와 OECD Factbook 2015~2016 비교 참조.

36 〈캐나다와 호주의 다문화와 이민정책 비교연구〉, 김진중, 목원대학교 산업정보언론대학원, 2015.

37 〈캐나다 다문화주의와 소수인종 서사 : 『푸른 초원, 흐르는 강물』, 『잔월루』, 『오바상』을 중심으로〉, 김미령, 전남대학교 대학원, 2012.

38 〈캐나다와 호주의 다문화와 이민정책 비교연구〉, 김진중, 목원대학교 산업정보언론대학원, 2015.

39 〈역사교과서를 통해 본 캐나다의 다문화교육〉, 장채옥, 경인교육대학교 교육전문대학원, 2015.

4장 다문화를 바라보는 시선들

1 〈프랑스의 사회갈등과 통합 : 무슬림 이민자 차별과 배제를 중심으로〉, 이정욱, 부경대학교 대학원, 2010.

2 《보수는 왜 다문화를 선택했는가》, 강미옥 지음, 상상너머, 2014.

3 위의 책.

4 《사물의 민낯》, 김지룡 외 지음, 애플북스, 2012.

5 문화관광부장관 김한길 〈대한매일〉 2001년 7월 21일자 인터뷰.

5장 다문화, 우리의 내일

1 '21세기는 '이민의 시대' 해외이주민 작년 2억 명 돌파', 미주한국일보, 2016.01.19.

2 '"더 이상 못살겠다" '헬조선' 탈출 행렬', 헤럴드경제, 2017.11.07.

3 '같이 가요 다문화가족, 함께 키워요 다문화인재', 문화체육관광부 국민소통실 정책뉴스, 2014.10.23.

4 〈2015년 국민 다문화수용성 조사연구〉, 한국여성정책연구원, 2015.

5 '단기 연수생 피살 이어 유학생 또 피습, 러 한인사회 '인종범죄' 공포', 국민일보, 2010.03.08과 '러 한국 여대생 화상테러 용의자 검거', 연합뉴스, 2009.01.23 참조.

6 《우리 역사를 바꾼 귀화 성씨》, 박기현 지음, 역사의아침, 2007.

7 '친밀감·수용성' 높여 軍, 다문화사회 선도한다', 국방일보, 2015.05.19.

8 '늘어나는 다문화 장병, 한국군 변화 시급하다', 세계일보, 2014.12.23.

9 〈2015년 국민 다문화수용성 조사연구〉, 한국여성정책연구원, 2015.

10 〈다문화공간의 형성과 갈등의 전개 방식 : 안산시 원곡동의 사례〉, 권온, 한양대학교 대학원, 2011.

11 위의 논문.

12 《한국의 다문화 공간》, 정병호·송도영 엮음, 현암사, 2011.

13 〈다문화 민주주의의 이론적 기초 : 소수자의 주체성과 통치성을 중심으로〉, 심승우, 성균관대학교 일반대학원, 2011.

14 〈북한이탈주민의 적응실태에 관한 연구〉, 김태선, 동아대학교, 2014.

15 '구분 짓는 시선이 가장 아파요', 연합뉴스 동북아센터, 마이더스 2015년 12월호.

16 '탈북민 3만 명 시대 편견·차별 해소부터', KBS, 2016.11.08.

비행청소년 16

모두 다 문화야
다르기에 아름다운 공존의 첫걸음, 다문화

초판 1쇄 발행 2018년 3월 15일
초판 4쇄 발행 2024년 8월 16일

지은이 **최영민** 그린이 **신병근**
펴낸이 **홍석** 이사 **홍성우**
인문편집부장 **박월** 편집 **박주혜·조준태** 디자인 **신병근**
마케팅 **이송희·김민경** 제작 **홍보람** 관리 **최우리·정원경·조영행**

펴낸 곳 **도서출판 풀빛** 등록 1979년 3월 6일 제8-24호
주소 07547 서울특별시 강서구 양천로 583 우림블루나인 A동 21층 2110호
전화 02-363-5995(영업), 02-364-0844(편집) 팩스 070-4275-0445
홈페이지 www.pulbit.co.kr 전자우편 inmun@pulbit.co.kr

ISBN 979-11-6172-709-7 44300
ISBN 978-89-7474-760-2 44080(세트)

이 책의 국립중앙도서관 출판시도서목록(CIP)은 서지정보유통지원시스템 홈페이지(seoji.nl.go.kr)와
국가자료공동목록시스템(www.nl.go.kr/kolisnet)에서 이용하실 수 있습니다.
(CIP제어번호 : CIP2018005419)